DROEMER

Bischof Stefan Oster | Peter Seewald

GOTT OHNE VOLK?

Die Kirche und die Krise des Glaubens

DROEMER

Besuchen Sie uns im Internet:
www.droemer.de

© 2016 Droemer Verlag
Ein Imprint der Verlagsgruppe
Droemer Knaur GmbH & Co. KG, München
Alle Rechte vorbehalten. Das Werk darf – auch teilweise –
nur mit Genehmigung des Verlags wiedergegeben werden.
Covergestaltung: NETWORK! Werbeagentur GmbH, München
Satz: Adobe InDesign im Verlag
Druck und Bindung: CPI books GmbH, Leck
ISBN 978-3-426-30103-6

7 6 5 4 3

Inhalt

Vorwort

Der Tag war noch nicht richtig angelaufen, aber als ich über den Domplatz eilte, blitzten erste Sonnenstrahlen vom blassblauen Himmel. In den Zierbäumen pfiffen keck einige Spatzen, und ich nutzte die Zeit, um noch kurz in den Dom zu springen.

Sonntags ist die Kathedrale von Passau meist gut besetzt, aber jetzt waren in dem gewaltigen Gotteshaus weit vorn am Altar nur fünf Beter mit einem alten Priester zur heiligen Messe versammelt, einsame, verlorene Gestalten, die von Ferne wirkten wie in einer anderen Galaxie. War dies ein Abbild unserer Lebenswirklichkeit? Sieht so die Kirche der Zukunft aus? Der Anblick war grotesk, aber er hatte zugleich etwas Tröstliches. Es war ein Bild der Treue, das Zeichen eines Lichts, das nicht verlischt.

Als junger Mann hatte ich um diese alte Stadt gekämpft wie um eine Geliebte, von der man nie genug bekommt. Ich war Kommunist geworden. Mit einem Luftsprung trat ich aus der Kirche aus. Jetzt kam ich zurück, um ein Interview mit dem Bischof zu führen, in dem viele den Typus einer neuen Generation von Hirten sehen, die anders ist.

Nicht mehr die Macht der Kirche stand zur Debatte, wie in meiner Jugendzeit, sondern ihre Ohnmacht. Und nicht mehr die Verheißungen einer glorreichen Zukunft bewegten uns, sondern eine Angst vor der Zukunft, die manchem bereits die Kehle zuschnürt. Über allem stand die Frage, ob es nicht einen Zusammenhang gebe zwischen der Krise der Kirche und der Krise der Gesellschaft. Ob man nicht inzwischen gar von einer Gottesfinsternis sprechen müsse, einem Spiel mit dem Feuer, an dem sich entscheidet, wie die Welt von morgen aussieht.

Die Deutschen haben eine besondere Geschichte mit ihrem Glauben. »Wie hältst du's mit der Religion?«, Gretchens Ausruf in Goethes »Faust«, gehört nachgerade zur Wesens- und Schicksalsfrage dieser Nation. Kaum ein Volk hat mit Gott so gerungen, im Guten wie im Bösen.

Die Gottesfrage, das tiefe Schürfen nach Erkenntnis, war das Fluidum für den deutschen Genius, von Künstlern wie Dürer und Grünewald, Mozart, Bach und Haydn, von Geistesgrößen wie Kant und Hegel, Lessing und Leibniz, die ein »Land der Dichter und Denker« prägten, weltweit bewundert. Deutsche Geschichte ist Religionsgeschichte. Das Heilige Römische Reich Deutscher Nation wurde zum Urbild des heutigen Europa, vielleicht der modernen westlichen Welt überhaupt. Da waren der Aufbruch neuer Städte, die sich um Kathedralen gruppierten, die karolingische Minuskel, die der Alphabetisierung des Kontinents den Weg ebnete, oder auch die ersten Universitäten, die hohe Theologie, die das wissenschaftliche Zeitalter vorbereiteten.

Aus der Suche nach dem, was die Welt im Innersten zusammenhält, entstand freilich auch die Verführung zum Streit, aus dem Streit ein Schisma, das den christlichen Westen in zwei Teile riss. Deutschland ist nicht nur die Wiege des Protestantismus, hier gründet auch der wissenschaftliche Sozialismus, der das Paradies auf Erden versprach. Es ist noch nicht so lange her, seit atheistische Systeme in West und Ost ein Europa ohne Gott schaffen wollten, den befreiten »neuen Menschen«. Hitlers »Tausendjähriges Reich« hinterließ nach zwölf Jahren zerstörte Städte, Millionen Tote und die Krematorien des Holocaust, durch den das »Volk Gottes« von der Erde getilgt werde sollte wie Ungeziefer.

Die heutige Krise von Kirche und Glauben kam nicht über Nacht, aber noch immer wird ihr wahres Ausmaß genauso totgeschwiegen wie die verheerenden Folgen, die sich daraus ergeben. Mit rund 500 000 Austritten aus der katholischen und evangelischen Kirche hat der Exodus des Glaubens 2014 eine neue Rekordmarke erreicht. In den vergangenen 24 Jahren kehrten weit über acht Millionen Menschen ihrer Glaubensgemeinschaft den Rücken. Und das ist erst der Anfang.

Nach Umfragen renommierter Forschungsinstitute tragen sich mindestens zwanzig Prozent der verbliebenen Mitglieder ebenfalls mit dem Gedanken an Flucht. Manche Untersuchungen sprechen gar von fünfzig Prozent – ein Austrittspotenzial von bis zu zwanzig Millionen Bürgern, die einmal auf Christus getauft wurden.

Aber nicht allein die Kirche als Institution befindet sich im freien Fall. Weit gravierender noch ist der Verlust an Glaubenswissen, Glaubensbewusstsein und Glaubensbindung. Papst Franziskus spricht mit Blick auf den Glauben in Deutschland von einer »Erosion«. Aber es ist weit mehr. Die alte Volkskirche hat ihre Kraft verloren. Das Christentum erlebt einen Niedergang von historischem Ausmaß. Christlicher Glaube hat mit Gott zu tun, was sonst. Mit der Beziehung des Menschen zu etwas, das größer ist als er selbst. Aber auch mit Kultur, mit Recht, mit sozialer Balance. Mit Demokratie und Freiheit. Und wenn es Kirche und Glaube schlechtgeht, das wissen wir aus der Geschichte, ist das kein Grund zur Freude, sondern eine nationale Katastrophe, die auch jene angeht, die denken, damit nichts zu tun zu haben.

Ich hatte mir für das Gespräch mit dem Bischof ein strenges Programm vorgenommen. Passt eine zweitausend Jahre alte Religion, wollte ich wissen, noch zu einer »Zivilgesellschaft« und einer globalisierten Welt, die sich selbst genügt? Andererseits: Bekommen wir nicht längst zu Gesicht, was wir verlieren, wenn wir das Christentum auslöschen, wenn wir damit unsere kulturelle Erinnerung verlieren, die Orientierung, die einmal Halt und Zuversicht und ewiges Heil bedeutete? Bleibt nicht auch richtig, was Isaac Newton wusste: »Wer nur halb nachdenkt, der glaubt an keinen Gott; wer aber richtig nachdenkt, der muss an Gott glauben«? Er habe in seinem Leben, so Newton, einer der bedeutendsten Wissenschaftler der Menschheit, »zwei wichtige Dinge gelernt: dass ich ein großer Sünder bin – und dass Christus ein noch größerer Retter ist«.

Wie und wann hat es angefangen, dass unser Glaube begann, sich in Luft aufzulösen? Ist da eine Kirche der Langeweile entstanden, die aus dem Evangelium Christi eine spießige Veranstaltung macht, die niemanden mehr anturnt? Die Macht und Ohnmacht eines Riesen, dessen Kassen sich füllen, aber dessen Häuser sich leeren? Waren es die Verfehlungen und Missbräuche der Institution und Ihrer Träger, die den Aderlass begründeten?

Da sind ein Wir-tun-nur-so-als-ob-Christentum und die Verflachung der öffentlichen Diskussion, die sich an den Standards aufreibt. Woran liegt es, dass die Christen in diesem Land – immerhin gehören noch 50 Millionen Menschen den beiden Volkskirchen an – behandelt werden wie eine verschwindend kleine Minderheit – und vor allem, dass sie sich das sogar gefallen lassen? Ist nicht auch eine mediale Berichterstattung zu befragen, die nicht mehr differenziert, sondern jede Angriffsfläche benutzt, um christlichen Glauben und Kirche als Feindbild zu zeichnen, als etwas, was den Untergang verdient?

Das Appartement des Bischofs hatte nichts von der barocken Fülle früherer Amtsinhaber. Aber für die karge Einrichtung entschädigte der Ausblick auf den Fluss und die Wallfahrtskirche Mariahilf. Wir nahmen auf den Polstermöbeln Platz und kamen schnell ins Gespräch. Stefan Oster ist kein Bilderstürmer, aber ein Unbequemer, der aneckt: »Es stellt sich die Frage: Halten wir einen Betrieb aufrecht, der von innen her hohler und hohler zu werden droht?«

Dem Bischof geht es um Wahrhaftigkeit, um Authentizität, um geistliche Erneuerung für ein echtes, gelebtes, bekennendes Christentum, das wieder missionarisch ist. Man müsse sich selbst hineinbegeben in das Geheimnis des Glaubens, Gotteserfahrung machen, weil sich Offenbarung von außen nicht begreifen lässt. Vor allem junge Menschen bewegen sein Herz. Ähnlich wie seinen Ordensvater. »Don Bosco war ein Radikaler«, sagt Oster, »was Glauben angeht und was Liebe angeht. Und er lebte zutiefst in Christus.«

Reform der Kirche bedeutet für den Bischof von Passau Erneuerung aus der Bewahrung. Oster spricht von der Priorität der Christuskenntnis. Die Frage sei, »ob wir das Evangelium wieder neu zur Geltung kommen lassen«. Er steht dabei in der Tradition jener Reformer, die aus dem Ursprung schöpfen wollen, eine Reform aus dem Glauben selbst heraus in Bewegung bringen möchten, gegen alle Versuche von Anpassung und Verwässerung des Evangeliums. Sie sind unbequem, provozierend, hartnäckig und zuweilen auch penetrant. Dass sie von Zeitgenossen bekämpft werden, wenn sie gegen den Strich bürsten, ist der Preis für den aufrechten Gang. »Nicht Gott hat sich von uns entfernt«, betont er, »wir haben uns von Gott entfernt.« Auch in der Gottesfinsternis würde ein liebender, barmherziger Gott niemals die Menschen verlassen. Schon die Geschichte Israels sei gewissermaßen »ein Ringen Gottes um sein Volk und dessen Versuchungen, in die Gottlosigkeit abzuleiten«.

Die Aufklärung des 18. Jahrhunderts hat ihre Grenzen erreicht. Ihre Weiterentwicklung wird Glauben und Vernunft wieder in einen Zusammenhang bringen. Die Botschaft: Mehr Glauben wagen. Zeit für neues Denken finden. »Ich glaube, damit ich erfahre«, hat jemand gesagt. Glauben heiße: gefunden haben. Es kann keinen Fortschritt geben, der nicht auch verankert ist in Traditionen, einem Common Sense an Werten und einem Bewusstsein, das sich nicht in der Selbstvergottung verschränkt. Ohne die Wiederentdeckung christlicher Spiritualität jedenfalls verlieren wir nicht nur den Zugang zu den Grunderfahrungen der Menschheit, die für ein humanes Leben unabdingbar sind, ohne sie kommt der ins Leere laufenden Moderne auch die knappe Ressource Sinn abhanden, verlieren wir den Zugang zu einer verlässlichen Ordnung und verantwortliches Handeln. Was Europa betrifft: Es hat mit der Negation seiner Herkunft seine Seele, seine Identität verloren, wovor Johannes Paul II. und Benedikt XVI. so eindringlich gewarnt haben. Der Kontinent fällt auseinander.

Religion ist kein Wert an sich. Es gibt verrückte Formen davon, und einige sind lebensgefährlich. Auf die Botschaft kommt es an. »Wir bezeugen es«, schworen die Apostel, »weil wir es gesehen haben.« Die Offenbarung Christi, sagt Karl Barth, übersteige alles bisher Dagewesene, alles Menschliche. Sie sei »der Richter über die Vernunft«. »Wer an Jesus glaubt«, so der große protestantische Religionsphilosoph, »der hört das ›Wort Gottes‹.«

Die Kirche in Deutschland steht vor grundlegenden Veränderungen. Was morsch ist, bricht zusammen. Der bisherige Anpassungskurs hat den Niedergang nicht aufgehalten, sondern noch beschleunigt. Dieses Buch geht den Gründen für die Krise nach und versucht, Antworten zu finden, wie Glauben wieder *glaub*würdig werden kann. Es will eine Debatte anregen und Blickwinkel und Aspekte eröffnen, die vernachlässigt werden. Die Kirche wird in dieser Gesellschaft nicht mehr einfach so akzeptiert. Es genügt nicht, dass sie da ist, weil sie halt irgendwie dazugehört. Das mag man bedauern.

Für die Kirche selbst ist es die unverhoffte Chance zur Regeneration. Sie muss wieder zeigen, warum und für was es sie überhaupt gibt. Und wenn Gott eine Realität ist, lohnt es sich auch, nach Ihm zu fragen. Nicht Kapitulation sei die Frage der Stunde, so Bischof Oster, sondern der Mut, in der veränderten Welt einen neuen Aufbruch zu wagen.

München, im Februar 2016   *Peter Seewald*

GESCHICHTE EINER BERUFUNG

Kirche, Glaube und Bekenntnis

1

Herr Bischof, Sie waren lange Zeit Radiomoderator. Hören Sie noch Rockmusik?

Hin und wieder hole ich schon mal die alten Kassetten raus.

»Highway to hell« vielleicht?

»Highway to Hell« mochte ich noch nie.

Man kann aber aus den Bischofsräumen gelegentlich laute Musik hören?

Hin und wieder, wenn ich so eine Retrophase habe. Dann ziehe ich mir die alten Songs rein. Bruce Springsteen zum Beispiel oder Huey Lewis & The News, und natürlich die Dire Straits. Das war damals *die* Band schlechthin für mich.

Die Süddeutsche Zeitung *schrieb über Sie, da sei jemand, »der was vom Leben außerhalb der Kirche versteht, nicht alt, verkniffen, entrückt und streng wirkt«. Dazu jungenhaft, gut aussehend. Bei Ihrer Weihe zum Bischof begrüßten Sie im Passauer Dom die 2000 Besucher, die Ihnen stehend Applaus spendeten, mit dem Victory-Zeichen. Toller Start.*

Ja, wunderbarer Start. Ich dachte, so ähnlich muss sich Pfingsten angefühlt haben. Irgendwie ein guter Geist, ein Geist der Leichtigkeit, des Aufbruchs. Ich fühlte mich sehr beschenkt.

Das ist ja nichts, was man selbst macht, sondern worin man sich hineingestellt sieht. Und man darf spüren: Alle ziehen mit.

Ihr Wappen zeigt unter anderem einen flugbereiten roten Johannes-Adler. Klingt nicht unbedingt nach Kuschelkurs.

Ja. (lacht) Ich habe relativ schnell klargemacht, dass ich katholisch bin. Dass ich die Lehre der Kirche vertrete. Eines meiner wichtigen Anliegen ist, dass ich das, was auf viele Menschen sperrig wirkt, so gut wie möglich zu erklären versuche. Und das ist nicht immer nur bequem. Manche Menschen irritiert, dass da jemand, den sie offensichtlich irgendwie freundlich oder nett empfinden, bestimmte Positionen vertritt, die nicht dem Mainstream entsprechen.

Warum ausgerechnet Johannes?

Ich liebe das Johannesevangelium. Ich komme aus der Philosophie und aus dem dialogischen Denken. Johannes ist derjenige, der am tiefsten schaut und die Wirklichkeit am tiefsten ergründet. Sein Evangelium ist eine unglaubliche Vision von Gott und seinem Verhältnis zur Schöpfung. Auch die Gestalt des Johannes, die darin vorkommt, ist mir nahe. Seine innere Beziehung zu Jesus und seine starke Identität beschäftigen mich sehr. Jesus nennt ihn und seinen Bruder Jakobus die »Donnersöhne« – aber er selbst beschreibt sich immer nur als »der Jünger, den Jesus liebte«.

Und die rote Märtyrerpalme, ein weiteres Symbol in Ihrem Wappen?

Die steht für den heiligen Stephanus. Das ist mein Namenspatron und glücklicherweise auch der Patron der Stadt Passau und unseres Doms.

Er wird angerufen bei Besessenheit, Kopfschmerzen und Steinleiden.

Na ja, er ist der erste Märtyrer der Christenheit. Ich fand die Verbindung zwischen dem Patron von Stadt und Bistum und meinem Namen eine schöne Fügung, so dass ich die Symbole für Stephanus – die rote Märtyrerpalme, den Zweig und die drei Steine – in das Wappen integriert habe. Stephanus wurde für seinen Glauben gesteinigt.

Einer Ihrer Vor-Vor-Vorgänger auf dem Passauer Bischofsstuhl wurde immerhin schon mal aus der Stadt gejagt.

Ja, genau. (lacht)

Kann man das Amt eines Bischofs noch immer mit einem Martyrium vergleichen?

Wir Bischöfe sind in die Nachfolge der Apostel gestellt, und mich beschäftigt im Moment sehr der heilige Paulus. Wir neigen ja dazu, seine Geschichte als reine Erfolgsgeschichte zu sehen. Der größte Missionar der Christenheit. Der Heidenapostel. Die wuchtige Gestalt, dargestellt mit Schwert und Buch. Der mächtige Prophet. Aber wenn man seine Texte genau liest, sieht man: Er schreibt sehr oft aus dem Gefängnis. Er ist mehrmals verprügelt, gesteinigt worden. Die Leute sind vor ihm davongerannt. Es war ein Elend sondergleichen, zum Erbarmen! Aber er schreibt dann auch: Um euretwillen bin ich im Gefängnis und bin erniedrigt und verfolgt worden. Ja, das gehört in die Geschichte der Apostel hinein.

Wovor haben Sie sich gefürchtet vor der Amtsübernahme als 85. Bischof von Passau?

Na ja, da ist dieses riesige Maß an Verantwortung. Finanzen, unzählige Aufgaben, die Personalverantwortung für so viele Menschen, all diese Dinge, die mir nicht vertraut waren. Das war das eine. Das andere war die massive Einschränkung der persönlichen Freiheit. Man meint ja manchmal, diejenigen, die in der Hierarchie ganz oben stehen, sind die Freiesten, während man sich unten am meisten geknechtet fühlt. De facto fühle ich mich »oben« in einer bestimmten Weise mehr fremdbestimmt, als ich es je war. Es ist daher schon auch geistliche Aufgabe, diese Einschränkung von innen her, gewissermaßen als Kreuz, zu bejahen, anzunehmen und auszufüllen.

Sie hatten zuvor eine tolle Situation an der Hochschule in Benediktbeuern: die Stellung als der hippe Professor, die spannende Arbeit mit jungen Leuten, die angenehme Klostergemeinschaft; und all das auch noch in einer bezaubernden Landschaft am Fuße der bayerischen Alpen. Warum gibt man so etwas auf?

Ich hatte als Priester mit jungen Menschen viel sogenannte Berufungspastoral gemacht, wo wir uns auch immer wieder fragten: Welches sind die Spuren Gottes in deinem Leben? Und zweitens: Kann es sein, dass man darauf dann auch eine ernsthafte Antwort geben muss? Wenn wir sagen, die Bischöfe stehen in der Nachfolge der Apostel, dann geht es nicht einfach um ein hohes Amt, dann geht es zuerst um die Frage der Berufung. Dieser Auseinandersetzung habe ich mich gestellt: Gibt es einen Anruf, der sagt: »Der Herr möchte, dass du diesen Dienst übernimmst?« Und wenn man dann durch alles Ringen und Kämpfen hindurch spürt: Ja, Herr, es kann sein, dass du das willst, ich glaube das – dann kann man nicht ausweichen. Es sei denn, man hätte irgendwelche Leichen im Keller, wo man sagt: Um Gottes willen, wenn das irgendjemand erfährt …!

Zu den Leichen kommen wir noch. Nach Ihrer Berufung haben Sie ziemlich losgelegt: Transparenz in den Finanzen, ökologische Ausrichtung der kircheneigenen Wälder, Unterstützung für ein Frauenhaus. Hinzu kamen viele spirituelle Initiativen und nicht zuletzt die Einrichtung einer Kommission für Neuevangelisation.

Vieles war bereits vorbereitet. Zum Beispiel die Geschichte mit den Wäldern und auch die Transparenz in den Finanzen. Ich habe das gerne aufgegriffen und gefördert. Das Thema geistliche Erneuerung ist mir persönlich besonders wichtig. Und da setze ich auch Akzente. Beispielsweise mit der Jahrestagung unserer vielen pastoralen Mitarbeiter, gewissermaßen dem Flaggschiff unserer Fortbildung, die beim letzten Mal nicht ein externer Referent geleitet hat, sondern die ich selbst bestritten habe. Es ging – unter dem Evangeliumsmotto: »Brannte uns nicht das Herz?« – um die Frage: Wie geht Gebet? Was bedeutet geistliche Erneuerung? Was bedeutet Bekehrung? Das war eine dieser Initiativen, wo ich mich zusammen mit den Menschen frage: Wie finden wir in unserer Kirche Wege in die Tiefe, um unseren Glauben neu zu entdecken und zu verlebendigen?

Eindeutig positioniert haben Sie sich in der Flüchtlingsfrage.

Jesus selbst war ein Flüchtlingskind. Er musste mit seiner Mutter und mit Josef nach Ägypten fliehen, um seinen Mördern zu entkommen. Wenn Menschen in Not sind, dann müssen wir uns mit dem, was wir können – wir können natürlich nicht alles, jeder ist begrenzt –, zur Verfügung stellen und unseren Dienst tun. Die Politik ist aufgefordert, die Lasten gleichmäßig zu verteilen und Zuströme zu kanalisieren oder auch zu reduzieren. Wir sagen freilich: Achtet auch auf die Ängste von denen, die schon da sind. Auch da gibt es Arme und Benachteiligte. Aber grundsätzlich lässt das Christentum keinen Raum für Fremdenfeindlichkeit oder gar Fremdenhass. Schon gar nicht gegen Menschen in Not.

Sie sind in sozialen Netzwerken unterwegs und bekommen zu Ihren Texten schon mal 24 000 Klicks.

Na ja, ich habe auch schon 60 000 erreicht. Was für ein Format wie »Facebook«, das sich überhaupt nicht für lange Texte eignet, ganz erstaunlich ist. Ich merke jedenfalls, man erreicht hier eine große Anzahl von interessierten Menschen.

Auch das ist neu: Der Bischof wohnt nicht in einem feudalen Palais, sondern in einem bescheidenen Appartement. Ohne Haushälterin, sondern innerhalb einer WG, mit zwei Frauen und einem Mann.

Das sind Menschen, die am geistlichen Leben interessiert sind und mein Gebetsleben mittragen. Wir beten also miteinander, essen miteinander und teilen unser Leben. Kochen können meine Mitbewohner auch, wofür ich ganz dankbar bin. Etwas Besonderes ist auch, dass sie in einem ganz ausdrücklichen Sinn für mich beten. Wenn ich zum Beispiel irgendwo einen Vortrag halte, ein schwieriges Referat oder eine Predigt oder ein mühevolles Gespräch habe.

Als spirituelle Manpower?

Dann sind Sie jedenfalls da und beten im Hintergrund. Jedenfalls eine Person ganz intensiv. Das ist gewissermaßen meine geistliche Luftwaffe! (lacht)

In der vermutlich ersten Bischofs-WG Deutschlands.

Solche Modelle gab es schon immer. Deshalb fand ich es gar nicht so außergewöhnlich, dass hier auch Laien mitwohnen. Wir haben ein ganz normales Leben. Die haben auch Besuch, Übernachtungsgäste. Kürzlich zum Beispiel waren ein paar Leute da; wir hatten den Jugendgebetskreis und sind danach noch hierhergegangen.

Mit Prunk und Feudalismus hat Bischof Oster jedenfalls nichts zu tun.

Ich bin Ordensmann.

Das sind andere Kleriker auch – und führen dennoch einen luxuriösen Haushalt. Sie haben noch nicht mal eigene Möbel, oder?

Die wurden mir hier zur Verfügung gestellt. Bücher habe ich, aber das ist auch meine Versuchung. Versuchungen haben wir alle, aber Bücher zu besitzen, da muss ich mich schon ehrlich auch an der Nase packen. Gut, ich bin Theologieprofessor gewesen, und ein Professor darf Bücher haben oder braucht sie ja sogar. Aber die ehrliche Frage ist: Brauchst du sie wirklich? Da ringe ich schon auch damit.

Papst Benedikt sagt: Die Bücher sind meine Freunde!

Aber Sie wissen ja auch, dass kaum ein geistliches Thema so zweideutig ist wie das Verhältnis von Wissen und Macht. Warum beginnt in der Bibel, im Buch Genesis, der Sündenfall mit dem Essen der Frucht vom Baum der Erkenntnis? Es gibt zum einen das Wissen, das mir zur Verfügung steht, über das ich quasi machtvoll verfüge, das ich beherrsche. Das kann zu einer Versuchung werden, zum Herrschaftswissen zum Beispiel, oder um sich selbst gut darzustellen. Aber es gibt auch eine

Form des Erkennens, die demütig macht, die das Herz aufschließt und die versteht, was in der Begegnung mit dem, was ich erkenne, wirklich geschenkt wird. Das ist noch mal etwas ganz anderes, als nur Information zu sammeln, um möglichst mächtig zu sein oder sich selbst gut darstellen zu können.

Mit Ihnen erlebt man einen Bischof in einem Kinderheim nicht nur beim Segnen, sondern auch beim Jonglieren. Fast wie einer der »Jongleurs de Dieu«, der Spielleute Gottes, wie man die Anhänger des heiligen Franziskus nannte.

Als junger Kerl bin ich viel per Anhalter verreist und habe irgendwann mal gedacht, ich muss was können, damit ich mir unterwegs Geld verdienen kann. Herumgeblödelt habe ich schon immer, aber ich konnte schlecht musizieren und schlecht singen. So habe ich eine Art jonglierende Clown-Nummer entwickelt und damit als Student auch Geld verdient. Und wenn ich heute Kinder treffe und ein paar Kunststücke mache, dann freuen die sich.

Sind Sie Vorreiter eines neuen Typus oder gar einer neuen Generation von Bischöfen, die anders ist?

Ich weiß das nicht. Ich mache mir nicht viele Gedanken darüber, wie man als Bischof zu sein hätte. Ich hoffe, dass das, so wie ich bin, einigermaßen kompatibel ist mit meinem Amt. Ich will kein Trendsetter sein, sondern einfach mein Amt ausüben – so gut es geht und mit dem, was ich halt mitbringe.

Warum wird ein Bischof noch immer als »Exzellenz« angesprochen? Warum gibt es noch immer diese hochherrschaftlichen Titel für Leute, die sich als die Nachfolger einfacher Fischer vom See Genezareth verstehen?

Ich tue mich auch nicht leicht mit solchen Titeln. Aber es gibt schon auch so etwas wie die Würde des Amtes. Das ist ja nicht so völlig verkehrt: Im Bischof wird qua Amt auch derjenige begrüßt, der ausdrücklich Jesus vertritt. Aber klar, in unserem persönlichen Umgang mit den Menschen, in meiner persönlichen Lebensweise, ist das wieder anders. Ich bin Ordensmann und ich glaube, dass die Gelübde, die ein Ordensmann verspricht, mehr oder weniger ausdrücklich auch für jeden Priester gelten müssten und damit auch für jeden Bischof. Gehorsam und Keuschheit sowieso, aber eigentlich auch die Armut. Wir sollen verfügbar sein für den Herrn und die Menschen, wir sollen um die Reinheit des Herzens ringen und immer neu überlegen, ob wir mit unserem Besitz wirklich auch verantwortungsvoll umgehen.

Jedenfalls gehören Sie zur ersten Bischofsgeneration in Deutschland seit der Nazi-Diktatur, die wieder damit konfrontiert ist, dass ihre Kirche massiv bedrängt wird und ins Abseits gerät. Vorab: Ist die augenblickliche Krise des Glaubens eine der größten in der langen Geschichte der Kirche in Deutschland? Oder vielleicht sogar die größte überhaupt, weil ihr das Ende der Kirche folgen könnte? Jedenfalls jener Kirche, wie wir sie bisher gekannt haben?

Die Krise ist groß. Und ich glaube, dass wir noch nicht am Ende der Talsohle angelangt sind. Der Säkularisierungsprozess wird sich womöglich noch dramatisch beschleunigen. Und vermutlich werden wir nur durch den Leidensdruck wieder zu anderen Formen finden. Aber ich will das nicht vorwegnehmen. Die Krise ist sehr groß, und wir spüren, dass ganz viel von dem, was wir gelernt haben, wofür wir ausgebildet wurden, plötzlich nicht mehr greift.

Was heißt das?

Als Beispiel: Wir sind mit Blick auf ein volkskirchliches Milieu davon ausgegangen, dass ein Kind in einer katholischen Familie aufwächst, in einen katholischen Kindergarten geht, den katholischen Religionsunterricht genießt, Kommunionvorbereitung, Firmvorbereitung hat, hin und wieder in den Gottesdienst geht, eine Wallfahrt macht, die Jugendgruppe besucht – und am Ende dieses Prozesses ist der 18-, 20-jährige junge Mensch ein fertig ausgebildeter Gläubiger. Und dann, sagt man, ist er bereit, in den Pfarrgemeinderat zu gehen, in den Frauenbund und womöglich noch im Kirchenchor zu singen. Aber tatsächlich merken wir schon seit Jahren: Dieses In-den-Glauben-Hineinwachsen, auch inhaltlich und geistlich, das funktioniert nicht mehr. Und wir wissen noch nicht allzu gut unter heutigen Bedingungen, wie geht das eigentlich, dass ein normaler junger Mensch von heute gläubig wird? Wir haben noch Geld, wir haben noch Personal, wir haben noch Strukturen, aber trotz dieses Reichtums, dieser Üppigkeit, haben wir keine durchschlagende Antwort auf diese Frage.

Ist der enorme Mentalitätswandel der Bevölkerung nicht sogar eine größere Herausforderung für die Kirche, als es die Aufklärung war?

Unsere Kultur – Konsumkultur, Medienkultur, Ich-Kultur – ist in jedem Fall eine Art Generalangriff auf die Aufgabe des Menschen, Innerlichkeit zu finden. Wir leben in einer Zeit, in der jedes Bedürfnis so schnell wie möglich gestillt werden muss. Und bleiben dadurch konstant an der Oberfläche. Aber der Mensch braucht immer auch Herausforderungen, um in die Tiefe zu kommen, ins Sich-selbst-Kennenlernen; dadurch zum Beispiel, dass man sich mal geduldig an einer Aufgabe abarbeiten muss, die einem die Wirklichkeit stellt.

Einst wurden aus Heiden Christen, jetzt werden aus Christen wieder Heiden. Dieses neue Heidentum durchdringt längst alle Lebensbereiche. Um nur wenige Beispiele zu nennen: Bei Beerdigungen spielen christliche Motive kaum noch eine Rolle. In Talkshows ist das Evangelium weder Argument noch Thema, auch nicht für Politiker sogenannter christlicher Parteien. Fernsehfilme zeichnen Jesus als Witzfigur und gläubige Christen als verdächtige Typen, die allenfalls Spott verdienen. Aus unseren Verfassungen wird der Gottesbezug gestrichen. Christliche Sonn- und Feiertage verkamen zu Wellness- und Brückentagen. Weihnachten, das unvergleichliche Fest der Christenheit, an dem Gläubige die Geburt Gottes auf Erden feiern, verkam zu einem hässlichen Shopping- und Sauf-Event. Erlebt Deutschland nun den Exodus des Christentums?

Wenn man die Akzente so deutlich setzt, wie Sie das jetzt tun, dann könnte man das wirklich denken. Ich bin freilich in der glücklichen Lage, in einem Bistum zu leben, in dem nominell noch deutlich über 80 Prozent der Einwohner Katholiken sind. Deswegen male ich aus dieser lokalen Perspektive nicht ganz so schwarz. Und jetzt mal mit der Hermeneutik des Wohlwollens gelesen: Es ist schon noch auch sehr viel da. Es gibt schon noch sehr viele engagierte gläubige Menschen. Sicher, auch hier gibt es keine wirkliche Antwort auf die Frage: Wie geben wir den Glauben an die nächste Generation weiter? Auch da fehlt zunehmend das Bewusstsein etwa für die Kategorie der Bekehrung oder des geistlichen Wachstums, die ja eine Aufgabe für jeden Menschen sind.

Ihre Diözese mag eine Ausnahme sein. Sie ist mit einem Katholikenanteil von rund 80 Prozent der Bevölkerung die

stärkste in Deutschland, vielleicht sogar in Europa. Zum Ver-
gleich: Das Bistum Görlitz hat vier Prozent, Dresden-Meißen
drei Prozent, Hamburg, das flächenmäßig größte katholische
Bistum, gerade einmal sieben Prozent. Muss man nicht kon-
statieren, dass die Ära der Volkskirche in Deutschland tatsäch-
lich zu Ende ist?

Wir sind in Passau stark ländlich strukturiert. Es gibt hier
noch eine volkskirchliche Prägung. Aber auch wir spüren,
wie der geistliche Grundwasserspiegel sinkt, dass es allenthalben Traditionsabbrüche gibt und dass wir auch hier den Trend
nicht aufhalten können. Anderswo ist es so, dass das Modell
der Volkskirche als Sozialgestalt einer Kirche schon der Vergangenheit angehört, definitiv.

Die Diskussion um Reform und Richtung der Kirche setzt
voraus, zu wissen, wovon man überhaupt spricht, wenn man
von Kirche spricht. Viele begreifen sie nur noch als eine Art
sozialer Gemeinschaft. Oder als bloßen Machtapparat, den
ersten globalen Konzern der Welt.

Ich glaube, die Frage nach der Kirche ist sogar noch drängen-
der als die Frage nach Jesus. Jesus finden irgendwie noch alle
gut. Vor allem deswegen, weil jeder ein anderes Jesusbild hat.
Aber wenn wir fragen: »Wo begegnen wir diesem Jesus?«,
und zwar in seiner Tiefe, Klarheit und Wahrheit, in seiner
ganzen Schönheit und Liebe, dann fällt vielen die Antwort
schwer. Tatsächlich begegnen wir ihm im Herzen der Kirche.
Das heißt, die Kirche ist zuerst der Ort, wo wir dem Herrn
begegnen. Die Frage, was Kirche im Eigentlichen ist, erkläre
ich gerne mit Maria. Maria als der Wohnort Gottes in der
Welt, als Person. Das ist Kirche. Im tiefsten und ursprüng-
lichsten Sinn.

Romano Guardini gab folgende Definition für die Kirche: Sie sei »keine erdachte und konstruierte Institution, sondern ein lebendiges Wesen. Sie lebt durch die Zeit weiter; werdend, wie alles Lebendige wird; sich wandelnd, dennoch im Wesen immer die gleiche. Ihr Innerstes ist Christus.«

Kirche ist etwas, was uns voraus ist, und nicht etwas, was wir dauernd manipulieren oder konstruieren könnten. Ja, das Innerste ist Christus. Und ich würde ergänzen: Das Herz der Kirche, also der Wohnort Gottes in der Welt, ist die Muttergottes.

Das Evangelium zeigt in der Figur des Petrus, wie Jesus Kirche gemeint hat. Dass sie die Gemeinschaft der Heiligen ist, aber nicht von der Art göttergleicher Heldengestalten, sondern von Menschen, die auch versagen können. Dass ihre Aufgabe Mission ist. Dass sie sich nicht der Welt anpassen darf. Dass sie mit Verfolgung rechnen muss. Vorgezeichnet ist allerdings auch, dass sie fallen kann.

Aber Christus hat ihr auch zugesagt, dass sie nicht untergeht. Wir wissen aus der Geschichte, dass die Kirche in ganzen Landstrichen völlig verschwinden kann. Auch in Ländern mit uralter christlicher Kultur. Im Augenblick sehen wir so etwas beispielsweise im Irak. Und wir wollen fest mithelfen und mitbeten, dass auch dort Kirche bleiben kann, trotz aller Verfolgung. Aber ja, es könnte sein, dass es irgendwann sogar in unserem Land keine wahrnehmbare Kirche mehr gibt. Das zeigt die Geschichte.

Ihre Diözese dehnte sich zur Zeit des Heiligen Römischen Reiches Deutscher Nation über Wien bis in den Westen Ungarns aus. Es sei leichter, hieß es damals, Bischof von Rom zu werden als Bischof von Passau. Heute ist das Bistum klein.

Ja, aber sehr schön und mit einer immer noch sehr reichen Geschichte – und mit einem der bedeutendsten Wallfahrtsorte Europas: Altötting.

Sind nicht auch Größe und Erfolg wichtige Kriterien für Kirche, für ihre Mission?

Erfolg ist keiner der Namen Gottes, sagt Martin Buber. Und trotzdem lesen wir – und das beschäftigt mich sehr –, dass die Apostel unter Einsatz ihres Lebens das Evangelium verkünden. »Und es wächst«, heißt es dann in der Schrift (Kol 1,6). Wenn die Kirche ein lebendiger Organismus ist, dann will dieser Organismus wachsen. Gleichzeitig wird solches Wachstum nie ohne Krisen vonstattengehen.

Deshalb ist das Thema Erfolg auch so ambivalent. Aber ja, wir wollen wachsen. Wir wollen Menschen ins Reich Gottes hineinführen. Das Allererste im Christentum ist immer eine Begegnung, eine Beziehung. Die Augen des Glaubens sehen die Welt und den Menschen ganz neu, weil sie Gott begegnet sind. Sich angenommen und geliebt zu wissen hilft, die Spuren der Gegenwart Gottes auch im anderen Menschen, in der Schöpfung, in der Geschichte zu erkennen. Man könnte auch sagen: Der Glaube hilft uns, die ganzen Brillen, die wir aufhaben, abzunehmen und die Wirklichkeit in ihrer Tiefe zu sehen. Aber eine solche Bekehrung ist auch nicht ohne Hingabe, nicht ohne Opfer zu denken.

Der englische Schriftsteller Gilbert Keith Chesterton, der Erfinder des »Pater Brown«, hat nach seiner Konversion zum Katholizismus den Wechsel der Perspektive einmal so beschrieben: »Viele tausend Dinge, die ich jetzt teilweise verstehe, hätte ich für völlig unverständlich gehalten. Viele Dinge, die mir jetzt klar und einleuchtend sind, weil ich sie gleichermaßen von innen sehe, hätte ich dunkel und barbarisch genannt.«

Ja, und nachdem ich glaube, dass der katholische Glaube die Wahrheit ist, glaube ich auch, dass wir zwar vielleicht in einer glaubensloser werdenden Welt als Sonderlinge betrachtet werden, das ändert jedoch nichts daran, dass der Anfang des Reiches Gottes längst da ist. Der Anfang unter uns, die wir alle auch noch Sünder sind.

Apropos: Sie hatten vor Ihrer Ernennung gemeint, wenn nur einer meine Vorgeschichte anschaut, bin ich draußen! Was ist so skandalös an dieser Vorgeschichte?

Na ja, ich war auch wirklich, da mache ich keinen Hehl draus, ein Kind dieser Welt. Ich bin aufgewachsen als Ministrant, und das war schon auch sehr prägend, aber dann war ich auch ganz weit weg von Glauben und Kirche. Ich habe als Schüler das Fach Ethik genommen, weil mir der Religionsunterricht viel zu langweilig war. Und als Medienmann habe ich mich ins pralle Leben gestürzt.

Dann sehen wir uns dieses pralle Leben kurz an. Nach dem Abitur volontieren Sie zunächst als Zeitungs- und Rundfunkredakteur, danach arbeiten Sie als Journalist. Sie waren Mitarbeiter bei der Deutschen Presseagentur, Nachrichtenleiter bei Radio Charivari und Moderator. Es wäre vermutlich der Beginn einer glänzenden journalistischen Karriere gewesen. Was hat Sie aus der Bahn geworfen? Eine Lebenskrise?

Es gab zwei entscheidende Momente, die das forciert haben. Der erste war, als Morgenmoderator war ich in Regensburg eine, sagen wir mal, Mini-Berühmtheit …

Morning-Man Stefan?

Morning-Man Stefan. Privatradio war was ganz Neues, und wir haben relativ weit gesendet. Die Leute kannten mich in Regensburg und in ganz Ostbayern. Das war toll. Andererseits war es auch ein hartes Leben. Ich saß jeden Tag von fünf Uhr früh bis neun am Mikrofon und musste früh ins Bett, um das durchzuhalten. Irgendwann fragte ich mich: Sei mal ehrlich, warum machst du das eigentlich? Und in dieser Auseinandersetzung ist mir klargeworden: Der größte Teil der Motivation ist, weil du ein eitler Sack bist. Weil du das toll findest, wenn dich die Leute toll finden.

Die meisten Menschen fänden das völlig okay.

Ja, aber ich habe mir gedacht, das kann doch nicht der Kern meiner Motivation sein. Meine Schwester war zum selben Zeitpunkt Krankenschwester in einer Intensivstation mit kleinen Kindern, mit Frühgeborenen, und hat dramatische Schicksale erlebt. Sie arbeitete im Nacht- und Schichtdienst und hat weit weniger Geld verdient als ich. Mein Gedanke war: Die macht etwas viel Sinnvolleres als ich. Ich rede da irgendwelche lustigen Sachen oder sage Musik an oder wie spät es ist – was soll das Ganze? Und all das nur wegen der eigenen Eitelkeit?

Das war also die eine Krise?

Ja, und von dem Zeitpunkt an habe ich ernsthaft überlegt, was anderes zu machen. Eines Tages allerdings kam Mike Haas auf mich zu, mein früherer Ausbilder, ein Amerikaner, damals *die* Figur in der Privatradioszene. Mike war zuvor Chef bei AFN gewesen und hatte als Einziger in Deutschland richtig Ahnung, wie Privatradio wirklich funktionieren kann. Der war für uns eine Art Guru damals. Irgendwann in meine Krise hinein rief Mike Haas an und sagte: »Du, wir machen einen neuen Sender auf, der heißt ›Antenne Bayern‹, und ich will, dass du da mitmachst.« Das hat natürlich meine Eitelkeit noch mal richtig gekitzelt. Natürlich haben wir uns eingebildet, wenn nicht wir, wer hätte es sonst verdient, hier mal groß Radio zu machen. Ich wusste, wenn Mike Haas das macht, dann wird das auch was. Da waren auch schon die großen Namen der damaligen Szene mit dabei. Ich bin dann zum Sender gefahren, saß da in der Redaktion und dachte mir als junger Kerl, Anfang zwanzig: »Wow, da bin ich jetzt dabei.« Ich hab zugesagt und den Vertrag mit nach Hause genommen. Aber ich saß dann ein Wochenende lang über meinem Vertrag und habe gebrütet …

Sie haben sich mit niemandem beraten?

Ausgerechnet an diesem Wochenende war niemand da. Meine Lebensgefährtin war mit einer Freundin in der Türkei. Mein WG-Mitbewohner war nicht da. Meine Eltern waren nicht da. Niemand. Am Montagmorgen nahm ich den Telefonhörer, rief Mike Haas an und sagte: »Du, ich hab beschlossen, es kann nicht mein Lebensinhalt sein, Beiträge von einer Minute dreißig anzumoderieren oder zu produzieren – ich hör jetzt auf mit Radio.« Und habe aufgelegt. Kurze Zeit später rief Mike zurück. Ob ich gesund sei oder irgendwas genommen hätte. Ich sagte: »Nee, ich höre jetzt auf damit. Das ist jetzt alles – es muss etwas anderes geben.« Und hab wieder aufgelegt. Am selben Tag bin ich in die Uni und schrieb mich für Philosophie und Geschichte ein.

Wie reagierte Ihre Freundin?

Sie arbeitete wie ich beim Radio, ebenfalls als Moderatorin. Ich holte sie am Flughafen ab. Sie kam durch die Zollkontrolle und sagte: »Und, wie ist es bei der ›Antenne‹? Ist es schon losgegangen?« Und ich sagte: »Du, ich studiere jetzt Philosophie!«

2

»Ich war auf der Suche nach dem Sinn des Lebens«, meinten Sie einmal über die Phase Ihres Lebens, als Sie eine Wende vollzogen. Aber auch: »Theologie, das war noch ganz weit weg.«

Ganz weit weg, ja.

Und der Glaube? War der auch ganz weit weg?

Der Glaube war subkutan immer irgendwie da, aber rational von der Begründung war er ganz weit weg. Ich bin in dieser Zeit nach Indien gefahren und habe mich für Buddhismus interessiert.

Und, war es gut?

Auch nicht befriedigend.

Waren Sie in Poona, im Osho-Ashram bei den Sannjassins?

Nein, war ich nicht. Ich hatte mir so einen dicken Suhrkamp-Band mitgenommen, von Heinrich Zimmer, einem Indologen und großen Buddhismus-Forscher, und habe dann in Nepal – wenn auch nur sehr kurz und eher touristisch – ein tibetisches Kloster besucht. Das hat mich schwer beschäftigt. Allerdings habe ich auch da schon gespürt: Das Christentum hat einen ganz eigenen Reichtum, eine ganz eigene Tiefe, die ist dort in den östlichen Religionen nicht zu finden. Später habe ich verstanden, dass es letztlich um das Geheimnis des Person-Seins geht, was diesen Lebens- und Glaubensweisen im Grunde fremd geblieben ist.

Wahrheit, Freiheit, Liebe – Ihre großen Themen.

Meine großen Themen. Immer. Die ganze Zeit. Und sie sind es heute noch. Ich begann dann mein Philosophie-Studium und habe mich mit allem Möglichen beschäftigt. Kant, Nietzsche, Hegel. Meine erste Arbeit schrieb ich über Karl Popper. Aber je länger ich studierte, umso deutlicher wurde mir: Diejenigen Philosophen, die nicht die Frage nach dem Absoluten eröffnen, die sind langweilig, die interessieren mich nicht. Ich entdeckte dann Martin Buber. Das war eine echte Initiation für mich. Der Jude Martin Buber hat mir mit der Entdeckung der Dimension dessen, was »Du« ist – »Du« in der zweiten Person, also das, was in der Begegnung passiert –, neu den Zugang zu Gott als Du eröffnet.

War auch Martin Heidegger ein Thema?

Ja, aber mir wurde klar, der Heidegger, der ist eigentlich ganz stark von Kierkegaard abhängig, aber ungläubig. Also ist es besser, sich mit Kierkegaard zu beschäftigen. Mehr und mehr interessierten mich gerade jene Philosophen, die was mit Gott zu tun haben.

Jetzt kommt Ferdinand Ulrich ins Spiel.

Mein geistlicher und geistiger Vater.

Der auch von Hans Urs von Balthasar sehr geschätzt und viel rezipiert wurde. Heute kennt man ihn wenig.

Ich habe ihn vielleicht wieder ein bisschen bekannter gemacht, seit ich in meiner Antrittsrede öffentlich auf ihn hingewiesen habe. Ulrich war in den 1960er Jahren für viele eine Art Geheimtipp. Sein philosophisches Hauptwerk hatte er bereits als junger Mann vorgelegt, »Homo abyssus«, der Mensch als Abgrund. Es geht um »das Wagnis der Seins-Frage«.

Ulrich hatte mit der Begründung, dass er von anderen kaum verstanden werden könne, aufgehört zu publizieren. Da war er gerade mal fünfzig Jahre alt.

Er ist schwer zu lesen, und er ist kein ehrgeiziger Mann. Er ist wirklich – und das ist das Eigenartige oder das Seltene – ein Philosoph, der ganz tief aus dem Evangelium lebt.

Und Sie? Haben Sie ihn verstanden?

Nein, am Anfang überhaupt nicht. Kein Wort. Professor Ulrich hat in seinen Seminaren, wenn ihm was ganz Wichtiges eingefallen ist, manchmal drei Stunden am Stück geredet. Wir haben uns danach nur gefragt, wie es überhaupt möglich ist, so zu sprechen.

Aber man hat zugehört?

Man hat zugehört, und es war ergreifend. Es hat etwas in Bewegung gesetzt. Wie intensiv und umfassend das war, habe ich erst im Nachhinein verstanden. Ulrich hat selten von Gott geredet, aber wir haben irgendwie gespürt: Der ist gläubig, der ist Christ. Irgendwann habe ich mir in der Uni-Bibliothek sein Hauptwerk rausgezogen, jenes »Homo abyssus«. Allerdings habe ich auch hier kein Wort verstanden, Null! Ich wusste noch nicht einmal, worum es da geht: Seins-Frage? Sein und Wesen? Ich hab das Ding sehr schnell wieder ins

Regal gestellt, bin aber weiterhin in seine Vorlesungen gegangen und habe interessiert zugehört.

Aber Sie müssen zumindest, wenn Sie Ulrich schon nicht ganz verstanden haben, einen gewissen Sound gespürt haben, ein Licht, das einen berührt.

Ja, es ist auch eine ganz eigene Sprachwelt. Man muss reinkommen, um das zu verstehen. Es ging immer irgendwie um die Fragen nach Liebe, Vertrauen, Wahrheit. Meine Themen. Ich bin dann buchstäblich, so nach und nach, geistig darin gewachsen. Und plötzlich merkt man, wenn man drinsteht, dass das eine Art gläubige Durchlichtung der ganzen Schöpfung ist. Und zwar als Philosophie, die zutiefst aus dem Glauben lebt. Das hat Hans Urs von Balthasar natürlich früh erkannt. Er sagte damals in einem Dokument, das ich noch habe: Ferdinand Ulrich ist die stärkste philosophische Kraft im gegenwärtigen Deutschland.

Sie haben bei Ulrich eine Magisterarbeit über Buber geschrieben.

Da war ich schon fortgeschrittener Student und hatte viel gelesen. Die Magisterarbeit war schon fast fertig, als ich mich wieder mal an die Texte Ulrichs wagte. Nun verstand ich schon mehr, und mir wurde plötzlich klar: Ulrich hat als Philosoph das dialogische Verhältnis viel tiefer beschrieben, als Buber es je gekonnt hätte. Und das hing aus meiner Sicht damit zusammen, dass er ein Christ ist.

»Liebe umsonst«, Ulrichs Lebensthema – ist das ein wenig wie bei Franz von Assisi, der in die Menschen genauso bedingungslos verliebt war wie in Gott? Oder ist das nur eine Metapher?

Ich habe ihn mal gefragt: Gibt es den frühen oder den späten Ulrich? Und dann hat er gesagt: »Nein, ich habe eigentlich immer nur über diese Erfahrung geschrieben: Sein ist Liebe umsonst.«

Die wirkliche Liebe, aus der Ulrich glaubt, die Liebe, aus der die Welt erschaffen ist, aus der wir erlöst sind, die Liebe, die Gott schenkt, die ist im doppeltem Sinne umsonst. Sie ist »gratis« und »frustra«, also geschenkt und oft vergeblich zugleich, was im Deutschen in der Doppeldeutigkeit des schönen Wortes »umsonst« zum Ausdruck kommt. Man kann es vielleicht in der Erfahrung der Jünger verdeutlichen, als sie unter dem Kreuz standen. Wir glauben ja heute, dass das Kreuz das größte Gnadengeschenk ist, das Gott uns je gemacht hat. Seine ganze Hingabe. Aber die Jünger von damals werden unter dem Kreuz gestanden sein mit dem Gedanken: Jetzt war alles umsonst. Da hängt er da wie der letzte Verbrecher. Totale Pleite, totale Vergeblichkeit. Und die Antwort Jesu, die er mit seinem ganzen Leben bezeugt: Ja, alles umsonst, alles geschenkt, einfach so, für euch. Ich liebe euch, weil ihr meine Geschöpfe seid. Weil ihr meine Kinder seid.

Das ist der Kern?

Ja. Es geht im Christentum im Grunde um diese Liebe. »Daran, dass ihr einander mit der Liebe liebt, mit der ich euch geliebt habe«, sagt Jesus, »soll die Welt erkennen, dass ihr meine Jünger seid.« Das heißt, die Liebe eines jedes Menschen ist zunächst im Grunde immer erst einmal erlösungsbedürftig, weil sie in der gebrochenen Verfassung, in der wir uns befinden, eher besitzergreifend ist. Das ist auch das, was Papst Benedikt in seiner schönen ersten Enzyklika »Deus caritas est« über die Liebe geschrieben hat. Dass der Eros erst durch die Agape – die von Gott geschenkte, uneigennützige Liebe – reife Liebe wird. Dass sie wirklich frei und gebend wird. Und nicht im Sinne von: »Ich will dich für mich« – um dann zu meinen, das ist die große Liebe. Reif ist Liebe erst, wenn sie freigebend ist.

Ulrich hat sich, wenn ich das richtig sehe, selbst mit seinem ganzen Denken und Handeln, seiner ganzen Existenz in diesen Weg hineingestellt: Liebe umsonst!

Ja, genau. Philosophie ist nicht nur ein Gedankengebäude, sondern ein Weg. Das war auch bei vielen anderen, zum Beispiel auch bei Platon so. Es war und ist für Ferdinand Ulrich wirklich ein existenzieller Weg. Auch sein Weg in den vergangenen Jahren, der Weg in eine Art Verborgenheit gehört dazu. Oft schon habe ich über dieses »Umsonst« intensiv nachgedacht. Im alttestamentlichen Buch Hiob etwa steht, wie der Teufel mit Gott über Hiob spricht. Gott lobt ihn sehr, aber der Teufel behauptet, Hiob sei nur gerecht, weil Gott so gut zu ihm sei. »Aber«, sagt der Teufel, »du wirst doch nicht glauben, dass der dich umsonst liebt?« Und dann sagt Gott: »Doch, ich glaube das; also taste ihn an.« Und er nimmt ihm die Gesundheit, die Familie, den beruflichen Erfolg. Nur das Leben bleibt ihm. Und es wird dann deutlich, dass Hiob in all seinem Ringen Gott tatsächlich umsonst liebt – auch ohne alle Gunsterweise. Am Ende freilich lohnt Gott dem Hiob diese Treue erneut.

Während Ihres Studiums bekommen Sie ein Stipendium im englischen Keele und in Oxford. Danach arbeiten Sie als Trainee beim Süddeutschen Verlag in München. Sie wollten heiraten und viele Kinder haben. Was ist dann passiert?

Es waren mehrere Etappen. Die Liebe zu meiner Freundin war tief und groß und fest. Und ich wollte die Dinge, die ich mache, immer gut machen. Und wollte auch der beste Partner sein.

Nobody is perfect.

Ja, aber ich hatte da gerade Dialogphilosophie studiert und habe mich immer wieder gefragt: Wie können Mann und Frau, die so unterschiedliche Wesen sind, sich auch wirklich verstehen, wirklich kommunizieren? Und irgendwann hab ich auch gesagt: Das mit der Liebe habe ich jetzt verstanden; ich habe ja genug studiert und bekomme das mit meiner Freundin schon hin. Im Nachhinein musste ich aber einsehen: Die Liebe, über die ich so viel nachgedacht hatte, war zwar nicht nur, aber auch so etwas wie: »Liebe als mein persönliches Programm« – und das kann dann eine Art subtiler Egoismus sein, auch wenn es vielleicht nach außen noch so gut aussieht. Aber wirkliche Liebe ist etwas, das man empfängt, um es selbst leben und verschenken zu können. Mir wurde klar: Um wirklich ein liebender Mensch zu werden, braucht man den Herrn, anders geht das nicht. Um dieses Geheimnis habe ich wirklich gerungen.

Wie ging es weiter?

Irgendwann, ich weiß es noch genau, saß ich bei meinem verehrten Lehrer. Es ging auf das Ende des Studiums zu. Die Magisterarbeit hatte ich abgegeben, aber es standen noch Prüfungen an. Der Professor fragte: »Stefan, jetzt haben Sie da so eine Magisterarbeit geschrieben, und was machen Sie jetzt?« – »Ich bin ja Journalist«, meinte ich, »jetzt werde ich mir halt was suchen. Außerdem habe ich eine Freundin, wir sind schon ganz lange beieinander, sie ist über dreißig, ich bin 28, sie arbeitet momentan in Kiel, ich in Regensburg, jetzt müssen wir mal schauen, ob wir eine Familie gründen.« Da hat er mich so angesehen und nur den einen Satz gesagt: »Zwingen Sie sich da zu etwas?«

Lag er richtig?

Ich habe das verneint. »Nein, wir sind doch schon so lange beieinander und haben von Heiraten geredet und wir mögen uns, sind ein wunderbares Paar.« Ich hatte zuvor bereits mehrere intensive Gespräche mit anderen Leuten geführt. Und immer war da das Gefühl, dass ich da irgendwie an einer Art Ventil schraube. Und plötzlich war das Ventil aufgegangen. Und ich wusste ganz tief: Du musst dich zur Verfügung stellen. Es war wie ein Blitz, der mein Leben zutiefst erschütterte.

Das war es dann?

Ich hatte an dem Tag noch eine lange Autofahrt zum Bodensee vor mir, um mich bei einem Verlag vorzustellen, als Lektor. Auf der Fahrt habe ich fast alle emotionalen Erfahrungen durchgemacht, die ein Mensch überhaupt machen kann. Ich habe angefangen zu heulen. Ich habe mich gefreut. Ich war verzweifelt. Ich war am Boden. Ich hatte riesige Ängste. Ich habe gejubelt und gesungen. Und ich habe gewusst, da ist etwas Neues in mein Leben hineingetreten. Aber etwas, das mein Leben komplett durcheinanderbringen wird.

Wie fühlt sich das an, so ein Big Bang? Wie Erleuchtung?

In meinem Fall war es Erschütterung. Ich bin von einer Wahrheit über mein Leben berührt worden, die mich spüren ließ: Ich habe zuvor nicht in dieser Wahrheit gelebt.

Also kein Umkehrerlebnis wie bei Paulus vor Damaskus, dem in der Vision Christus erscheint?

Nein. Aber mit dem starken Bewusstsein: Halte dich zur Verfügung! Das war mit dieser Erschütterung verbunden. Es ist schwer auszudrücken …

Immerhin gab es eine bestimmte Entwicklung bis zu diesem Punkt. Als wäre der Keim längst gesetzt gewesen.

Ja, das schon. Ich hatte mich wieder an die Kirche angenähert. Das hatte sicher mit Ferdinand Ulrich zu tun. Meine Lebensgefährtin kam auch aus einem recht katholischen Elternhaus und hatte sich zunächst davon emanzipiert. Wir haben viel diskutiert. Irgendwann hatte ich – zu meiner eigenen Verwunderung – sogar das zölibatäre Leben verteidigt, von dem es in der Bibel heißt, wer es fassen kann, der fasse es.

Wobei Sie noch als Bischof sagten: »Ich bleibe natürlich ein normales Mannsbild.« Frauen würden weiterhin »etwas in Bewegung bringen in meiner psychophysischen Natur«. Nett ausgedrückt. Aber dazu später. Noch einmal zur Autofahrt.

Es hat mich wirklich durcheinandergehauen. Ich wusste, ich muss mein Leben verändern. Das Vorstellungsgespräch für die Lektoratsstelle war am nächsten Tag. Ich hab im Hotel die ganze Nacht kein Auge zugebracht. Als ich dann beim Termin in diesem Unternehmen saß, dachte ich nur: Was mache ich hier eigentlich? Ich hatte keine Ahnung, wie es weitergehen soll, und bin dann noch über den Bodensee auf die Insel Reichenau gefahren, wo der heilige Wolfgang, der Patron des Bistums Regensburg, erzogen wurde.

Da gibt es die Redensart vom »Ritt über den Bodensee«. Gemeint ist damit jemand, der erst im Nachhinein, nachdem das andere Ufer erreicht ist, begreift, wie riskant eigentlich das ganze Unterfangen war.

Bei der Heimfahrt hatte sich jedenfalls alles ein wenig beruhigt. Gleich nach der Ankunft rief ich meine Lebensgefährtin an und erzählte ihr unter Tränen, was mir passiert ist. »Ich glaube, da ist etwas, was mich so sehr zieht«, erklärte ich ihr, »aber ich weiß noch nicht genau, wohin.« Sie spürte meine Verzweiflung am anderen Ende des Telefons und sagte: »Weißt, selbst wenn du irgendwann mal in einem Kloster sitzen würdest, dann hätte ich da einen Freund, einen besseren könnte ich gar nicht haben.«

Nachher ist es schon noch ganz schwer geworden, für sie vor allem. Das war unser Ringen. Wir waren eigentlich ein Paar, das auf Familie angelegt war. Aber als ich einige Jahre später zum Priester geweiht wurde und sie zur Feier einlud, erfuhr ich am Tag der Primiz, dass sie schwanger ist. Ich dachte mir nur: »Lieber Gott, du hast vielleicht Humor!« In dem Augenblick, indem ich Pater werde – Vater –, wird sie Mama! Sie hatte wieder einen Partner gefunden und führt ein frohes Familienleben. Worüber ich sehr glücklich bin.

Der Ordensgründer Charles de Foucauld meinte einmal, »man wählt eine Berufung nicht selbst, man empfängt sie, und man muss sich anstrengen, sie zu erkennen«. Wenn aber der Wille Gottes einmal erkannt ist, »so muss man ihn tun, koste es, was es wolle«.

Dieses »koste es, was es wolle« bleibt eine tägliche Herausforderung. Mir fällt dazu ein Wort aus dem Psalm 51 ein: »Schaffe in mir, Gott, ein reines Herz, und gib mir einen neuen, beständigen Geist.« Ich liebe diesen Satz und ich bete um diese Gabe. Zugleich aber spüre ich auch: Kannst du denn innerlich überhaupt tragen, was es kostet, ein Mensch mit einem reinen Herzen zu werden?

Und, kann man es?

Na ja, das macht Gott, wenn man ihn lässt. Aber es hat seinen Preis. Im Sinne von: Bist du wirklich bereit, mir alles zu geben? Bist du wirklich bereit, alles loszulassen um meinetwillen? Wenn du bereit bist, dann hast du mir dein Herz so gegeben, dass ich es reinigen kann, durch und durch.

Ohne Jesus Christus sähe Ihr Leben völlig anders aus?

Pedro Arrupe, der frühere Generalobere der Jesuiten, hat mal gesagt: Nimm Christus aus meinem Leben raus, und es fällt zusammen wie ein Kartenhaus. Das kann ich wirklich nachvollziehen.

Jesus war ein Sturm. Niemand hat die Welt mehr verändert. Städte und Länder sind nach ihm benannt. Flaggen tragen das Kreuz als sein Zeichen. Jeder Tag im Kalender, unsere ganze Zeitrechnung, bemisst sich vom Datum seiner Geburt an. Der Sonn-Tag, der »Tag des Herrn«, steht für die Neukreation der Welt durch Jesus, der »Sonne der Gerechtigkeit«. Selbst ein Mann wie Albert Einstein konnte nicht umhin festzustellen: »Es gibt wirklich nur eine Stelle in der Welt, wo wir kein Dunkel sehen. Das ist die Person Jesu Christi.«

Wenn ich das so höre, kommen mir die Tränen. Es stimmt, ich habe keinen anderen Sinn.

Jesus nennt sich in seinen Gipfelaussagen »Brot des Lebens«, »Licht der Welt«, den »Weg«, die »Wahrheit«. Worte, die in der ganzen Weltliteratur einzigartig dastehen. Sogar die größte Hoffnung des Menschen nimmt er für sich in Anspruch: »Ich bin die Auferstehung und das Leben.« Mehr geht nicht. Und alles kulminiert in dem Satz, der die Botschaft Jesu auf eine einfache Formel bringt: »Gott ist die Liebe.« Unfassbar.

Unfassbar, ja. Ich habe zu meinen Studenten immer gesagt: Ich will, dass ihr euch mit allem auseinandersetzt, mit allem. Ihr könnt von mir aus alles auf den Kopf stellen und kritisch hinterfragen. Aber nehmt bitte ernst, dass da mal einer da war, der gesagt hat: »Ich bin es.« Und wenn ihr wirklich glaubt, dass es so etwas wie Wahrheit gibt und dass die auch erkennbar ist, dann kommt ihr zu Ihm. Es gibt keinen anderen Weg.

Von Jesus kann man im Übrigen auch viel über Frauen lernen.

Ja. (lacht)

Jesu Begegnungen mit Männern sind, zugespitzt formuliert, zumeist hart und streitbetont. Frauen hingegen erscheinen im Neuen Testament als neugierig, offen, geduldig und auf Gott vertrauend. »Sie hat so viel Liebe gezeigt«, sagt Jesus über die »Sünderin«, die ihm die Füße salbte. Sind Frauen einfach besser darin, das Wort Gottes aufzunehmen?
In der Regel ja. Thomas von Aquin, der nicht wirklich verdächtig ist, die Frauen besonders hochgehoben zu haben, stellt die Frage, warum denn die Frauen als Erste gewürdigt wurden, den auferstandenen Christus zu sehen und nicht seine tollen Apostel? Und seine Antwort ist schlicht: Weil sie Ihn mehr geliebt haben. Die Liebe macht sehend. Sie hilft uns, Ihn zu erkennen. Aber das ist zugleich schon die Liebe, die Er in uns hineingelegt hat. Der Schöpfer ist derselbe wie der Erlöser. Er berührt uns dort, wo wir geschaffen sind und wo wir neu geschaffen werden sollen. Augustinus sagte zu seinen Mitbrüdern einmal das schöne Wort: »Im Grunde hat unsere Verkündigung nur eine einzige Aufgabe: nämlich die Augen des Herzens zu reinigen, damit wir alle besser sehend werden.«

Sind Sie, Herr Bischof, überzeugt, ganz tief, mit dem Verstand und mit dem Herzen und durch all Ihre Erfahrungen, dass dieser Jesus tatsächlich niemand anders ist als der Retter der Welt, der Sohn des Allmächtigen, wie es im Credo heißt, »der alles erschaffen hat, Himmel und Erde, die sichtbare und die unsichtbare Welt, eins mit dem Vater, Gott von Gott, Licht vom Licht, wahrer Gott vom wahren Gott, gezeugt, nicht geschaffen, eines Wesens mit dem Vater«?

Wenn ich das so höre, dann bringt das etwas in mir zum Klingen. Und vieles von dem habe ich auch, hoffentlich, mit Überzeugung in Predigten, Vorträgen und Vorlesungen zum Ausdruck gebracht. Ja, ich glaube das mit ganzem Herzen. Ob ich dieses Bekenntnis dann auch unter der Bedrohung mit dem Tod aufrechterhalten könnte oder ob ich dazu zu feige wäre, das weiß ich nicht. Aber ich hoffe sehr, dass das so ist und dass diese Überzeugung immer stärker in meine Existenz eindringt.

Tauchen denn nicht immer wieder auch Zweifel auf?

Zweifel gibt es schon immer mal wieder. Aber in Momenten des Zweifels versuche ich die überwältigenden Momente von Licht und Wahrheit in meinem Leben zu erinnern – und dann nagt der Zweifel meist schon nicht mehr so sehr. Obwohl er natürlich auch sehr wichtig sein kann, den Glauben tiefer zu erfassen. C. S. Lewis hat einmal gesagt: Die Menschen, die bei der Frage stehen bleiben, ob man nicht auch ohne Jesus ein guter Mensch sein kann, die wissen noch nicht, was Leben ist.

Klingt provokant.

Ja. (lacht) Ich habe viel erleben dürfen. Eine wunderbare Beziehung. Viel Erfolg im Beruf. Viel Anerkennung. Aber all das hat mein Herz nicht gestillt. Ich habe gedacht: Es muss im Leben mehr als alles geben. Und ich bin von diesem »mehr als alles« berührt worden. Ich bin angekommen. Ich glaube nicht, dass der Herrschaftswechsel in meiner Seele, wie Kierkegaard es ausdrückte, noch einmal rückgängig gemacht werden könnte. Ich suche keine andere Wahrheit. Ich bin tief davon überzeugt, dass Jesus die Wahrheit ist. Das heißt aber nicht, dass die Sehnsucht zu Ende ist. Es gibt eine Form des Angekommenseins, die die Sehnsucht noch vergrößert.

In der globalisierten, multireligiösen Welt werden Sie immer häufiger auf Menschen treffen, die mit Allah oder Buddha oder auch ganz ohne eine religiöse Megafigur behaupten, glücklich zu sein.

Das berührt die Frage: Sind wir in der Lage, dem anderen wirklich die Füße zu waschen? Nicht um unseres, sondern um seinetwillen uns wirklich niederzubeugen. Vielleicht wird er dann fragen: Warum machst du das eigentlich? Mit meinen Studenten habe ich immer wieder um die Frage gerungen: »Gibt es Liebe, die den anderen um seinetwillen meint?« Und zwar nur den anderen. Liebe umsonst. Gibt es die? Und mancher Student hat dann gesagt: Nein, ich glaube, was Sie da meinen, das gibt es nicht. Meine Antwort war: Ich glaube, du hast recht, das gibt es nicht – ohne Jesus.

Unzählige Menschen helfen allerdings auch ohne eine Glaubensüberzeugung ganz uneigennützig; den Opfern der Flutkatastrophe zum Beispiel, oder den Tausenden von Flüchtlingen, die in unser Land kommen.

Ich finde dieses Engagement von vielen Menschen sehr bemerkenswert und bin froh darüber. Aber ich glaube, sobald Jesus in ein Leben hineinkommt und es wirklich berührt, geht das noch einmal über die einzelne Aktion hinaus. Eine solche Erfahrung verändert den gesamten Blick auf die Wirklichkeit. Ich bin fest davon überzeugt, dass wir im Christentum tiefer wissen, was Liebe ist, als jede andere Religion. Das ist ein anspruchsvoller Satz, und wir leben ihn natürlich auch nicht immer. Aber was wir als Christinnen und Christen über Liebe erfahren haben, überbietet jede andere Erfahrung, in jedem Glaubenssystem, in jeder Weltanschauung oder philosophischen Schule. Das hängt natürlich damit zusammen, dass Christus selbst diese Liebe in Person ist.

Ist der Glaube an Christus beweisbar?

Hier ist der Zugang über die Vernunft angesprochen: Vernunft und Glaube, das Lebensthema Benedikts XVI. Christlicher Glaube ist vernünftig und er ist zugleich übervernünftig. Das heißt, wir haben auch sehr gute, schlüssige Argumente für diesen Glauben, aber natürlich ist Gott nicht in einem letzten, vielleicht mathematischen Sinn beweisbar. Erst über das Vertrauen erweitert sich die Vernunft, und wir finden in eine Art verlässliche Plausibilität. Eine Vernunft auf der Basis von Vertrauen und Liebe sieht mehr als bloße Vernunft.

Ein weiterer Zugang wäre vielleicht noch: Du hast ein Gewissen. Du erkennst in dir, es gibt etwas, das sagt, du sollst das Gute tun und die Wahrheit sagen und zur Wahrheit stehen. Und du erkennst, dass sich das Gewissen auf ein Gesetz bezieht, das du dir nicht selbst gegeben hast. Woher kommt das? Gibt es da einen Gesetzgeber? Muss es den nicht geben? Wer ist der Gesetzgeber? Das sind so Zugänge, um die ich ringe. Der überzeugendste ist freilich das persönliche Zeugnis eines Menschen, der sein Leben für Jesus gibt: Liebe umsonst. Wir sehen es heute bei vielen christlichen Märtyrern.

Kreuz und Auferstehung bleiben der unerhörte Skandal, eine nicht zu überbietende Provokation, die uns bis heute herausfordert. Zeigt sich hier die ganze Radikalität des Christentums?

Ja, und auch die ganze Spannung. Wir leben hier in Passau immer noch in stark volkskirchlich geprägten Kirchenerfahrungen. Dafür bin ich dankbar, weil ich der Volkskirche auch viel verdanke. Dennoch neigt Volkskirche auch zu einer Assimilierung des Christentums an einen ethischen Maßstab dessen, was man halt so an sich für nett oder richtig hält. Der eine oder andere Bayer sagt: »Mei, i bin scho a guader Christ, i tu ja koam was!« Aber das hat mit Christentum eigentlich noch nichts zu tun. Christentum ist der Anspruch, dem Herrn nachzufolgen und aus seiner Gegenwart, aus dieser Beziehung heraus, zu leben. Ethik ist erst eine Folge dieser Beziehung. Die Forderung, sein Leben um seinetwillen zu verlieren, um es zu gewinnen, geht tatsächlich ins Mark. Sie berührt unseren Selbsterhaltungstrieb, den stärksten Trieb, den wir haben. Und jetzt kommt da einer und sagt, wer mein Kreuz nicht auf sich nimmt und mir nachfolgt, kann nicht mein Jünger sein. Wir sagen dann gerne: Mein Kreuz auf sich nehmen, das heißt, mein Ehemann, der schnarcht in der Nacht, das ist mein Kreuz. Oder: Mir tut das Knie so weh, und das nehme ich jetzt auf mich. Aber als dieser Satz gesprochen wurde, hieß das Kreuz auf sich nehmen, zu seiner Hinrichtung gehen! Das ist brutal, radikal, dramatisch. Wissen Sie, wenn ich sage, das ist christlich, dann weiß ich selbst noch nicht, ob ich Christ bin, weil ich nicht weiß, ob ich das im Angesicht des Todes oder im Angesicht von Folter bekennen könnte.

Kreuz und Kreuzigung könnte man auch als Bilder verstehen, etwa für Leid ertragen, für Trost erfahren.

Wir haben das spiritualisiert und nehmen das als Metapher für alle möglichen Formen von Leiden. Das ist schon nicht ganz falsch, aber nur das wäre am Ende zu wenig.

»Heute ist euch in der Stadt Davids der Retter geboren«, verkündeten die Engel am Hirtenfeld zu Bethlehem, »er ist der Messias, der Herr.« Romano Guardini vergleicht die Inkarnation Gottes in Jesus Christus sogar mit der Genesis: »Mit ihm beginnt die neue Schöpfung; das neue Dasein und das neue Denken.«

Ja. Im Grunde könnte man sogar sagen, es beginnt eigentlich mit Maria. Gott setzt sich ein heiles Geschöpf voraus, in dem er ankommen kann. Dieses neue Geschöpf ist die Mutter des Herrn. Und die ist ja – inkarnatorisch und in der Zeit gesprochen – vor ihm da, damit er in ihr zur Welt kommen kann. Mit dieser Erlösungsgeschichte beginnt etwas Neues. Maria ist bereits die neue, die heile Schöpfung. Die Christen beten an Weihnachten: »Du hast uns wunderbar geschaffen und noch wunderbarer wiederhergestellt.« Die Möglichkeit, mit Christus in Beziehung zu sein und in das dreieinige Leben Gottes hineingenommen zu werden als Mensch, das ist unfassbar.

Wenn man von »Erlösung« und Erlösungsgeschichte spricht, stellt sich aber schnell auch die Frage: Wo findet sie statt? Wir sehen weiterhin Krieg und Vertreibung, Unterdrückung und Elend. Die Reichen werden reicher, die Armen ärmer. In unserer Zeit erlebt die Menschheit ungeahnte neue Flüchtlingsströme. Die Zerstörung der Umwelt hat Ausmaße angenommen, die unseren Heimatplaneten unbewohnbar zu machen drohen. Wo soll da Erlösung sein? Und vor allem: Warum greift Christus nicht ein?

Die Erlösung, von der Jesus spricht, die er schenkt, beginnt im Herzen der Menschen. Wir haben vorhin darüber gesprochen, dass es nicht so einfach ist, Jesus in sein Herz reinzulassen. Da gibt es auch den alten Adam und die alte Eva, den Sünder in mir, der nicht will, dass Wandlung, Neugeburt, Tod und Auferstehung auch in mir passiert. Auf das Ganze der Geschichte bezogen ist es das Ringen einer sich Gott verweigernden Welt mit dem Gott, der ankommen will in dieser Welt. Dieses Ringen nimmt immer dramatischere Züge an und spitzt sich radikal zu. So besagen es die biblischen Texte. Und weder die Evangelien noch die Apokalypse enthalten die Aussage, dass es, salopp gesprochen, gut ausgeht. Sondern sie sagen, dass es letztlich in die Katastrophe führt. Und erst danach in eine neue, heilere Welt.

Aber wenn Sie jetzt fragen: Wo ist Erlösung?, erzähle ich gerne eine Geschichte von einer jungen Frau, die ich kenne. Sie hat als Kind und junger Mensch dramatische Missbrauchserfahrungen gemacht. Mit darauf folgenden Suiziderfahrungen, Essstörungen, Beziehungsstörungen, Dissoziationen – also unfassbares Leiden, tiefste Depressionen. Sie geht durch die Hölle. Ich habe das miterlebt. Die einzige Rettung für sie ist Jesus. Sie hat sich als junge Erwachsene taufen lassen, wächst in den Glauben hinein und spürt: Es gibt mitten in dieser unfassbar ungerechten Welt plötzlich einen seelischen Haltepunkt, von dem wir ahnen: Dort bin ich zu Hause, dort bin ich erlöst und befreit. Dort ist Freiheit, dort ist Licht, dort ist Liebe. Und sie darf das immer wieder spüren.

Die andere Seite allerdings, die kämpft und ringt weiterhin in ihr, das bleibt da. Aber hier kann man einem Menschen ganz konkret begegnen, der durch Jesus Erlösung gefunden hat. Und neues Leben. Und Heil. Wenn auch, wie bei jedem von uns, erst anfanghaft.

3

Zurück zu Ihrer Berufung: Das Charisma der Salesianer Don Boscos hatte es Ihnen früh angetan. »Don Bosco«, sagen Sie, »ist so etwas wie mein Vater, meine Identität.«

Don Bosco hatte insbesondere ein Herz für junge Menschen. Aus einem unglaublichen Gottvertrauen heraus fand er Zugang zu ihnen und half ihnen, dass ihr Leben gelingt, dass sie gute Christen und gute Bürger werden. Don Bosco lebte in einer beständigen Gottverbundenheit, und in seinem Leben war das Wunder gewissermaßen die Normalität. Er hat viel gekämpft und viel gelitten, Mordanschläge überlebt und Prügel bezogen. Man hat ihn für verrückt erklärt und wollte ihn ins Irrenhaus stecken. Er hat sich dennoch mit Optimismus und Freude an die Weltgestaltung gemacht, an das, was ihm als Auftrag gegeben wurde, nämlich Vater und Lehrer der Jugend zu sein. Das ist einfach bewegend.

Eines der großen Stichworte Don Boscos ist Assistenz.

Der Künstler Sieger Köder hat ein schönes Bild gemalt, das Don Bosco als einen Puppenspieler zeigt, der vor Jugendlichen das Gleichnis vom verlorenen Sohn erzählt, der nach seiner Heimkehr vom Vater umarmt wird. Auf der einen Seite des Vorhangs zeigt Don Bosco also das Evangelium, und zwar so, dass es seine Zielgruppe verstehen kann. Auf der anderen Seite sieht man auf dem Bild, wie er auch selbst die Jugendlichen alle im Arm hält. Es gibt also eine tiefe Korrespondenz zwischen dem, was er verkündet, und dem, was er selbst lebt, die Liebe des Vaters für die jungen Menschen.

Assistenz heißt »da sein«. Gott ist der »Ich bin da«. Das ist sein Name. Und wie machen wir das am besten glaubwürdig? Indem wir *da* sind. Das heißt, den Jugendlichen den Raum zu geben, in dem sie sich entfalten können. Raum hat dabei mit persönlicher Ausstrahlung zu tun. Ich kann denen irgendeinen leeren Raum hinstellen – oder ich kann den Raum mit meiner Präsenz so erfüllen, dass die Jugendlichen sich hier zu Hause fühlen.

Um dann alle brav in Ihren Stephansdom zu pilgern?

Nein. (lacht) Ich kriege so oft zu hören: Herr Bischof, was machen wir denn, dass die jungen Leute wieder in die Kirche gehen? Aber wissen Sie, ich habe überhaupt kein Interesse daran, dass sie in die Kirche gehen, nur damit der Bischof seine Kirche voll hat. Mein Interesse ist, dass sie eine Erfahrung machen. Und dann hoffentlich nach und nach die Kirche als Raum entdecken, in dem sie Gott begegnen. Wir müssen die jungen Menschen dabei begleiten. Aber einfach sie da in die Kirche reinsetzen, damit sie auch drinhocken, das hat keinen Sinn.

Bei den Salesianern Don Boscos haben Sie eine besonders enge Verbindung mit Ihrem Ordensbruder Lothar Wagner, der in Afrika als Streetworker arbeitet. Was macht er da?

Lothar hat in Sierra Leone »Don Bosco Fambul« mit aufgebaut. Hier geht es um Kinder, die auf der Straße oder in Gefängnissen leben. Sierra Leone ist eines der ärmsten und korruptesten Länder der Welt. Die Gefängnisse sind die Hölle. Lothar geht da rein und versucht, den jungen Leuten eine Perspektive zu geben. In den letzten eineinhalb Jahren war er zudem einer der Protagonisten bei der Bekämpfung von Ebola, mit all den riesigen sozialen Problemen, die damit verbunden sind. Zum Beispiel den vielen Ebola-Waisen, die die Gesellschaft nicht mehr haben will. Oder damit, dass alle Schulen über viele Monate geschlossen waren. Mich hat sehr beeindruckt, dass er nach einem Heimaturlaub, als die Seuche richtig ausgebrochen war und alle sagten, du kannst da nicht mehr hingehen, einfach nur erklärte: Ich kann meine Leute da nicht alleine lassen.

2001 werden Sie zum Priester geweiht. James-Bond-Darsteller Pierce Brosnan meinte einmal auf die Frage, wie man Krisenzeiten übersteht: »Mir hat immer mein Glaube geholfen. Ich bin katholisch. Das ist alles, was einem bleibt, wenn dein Herz um vier Uhr morgens ein dunkler Fleck ist und du das Gewicht der Welt auf deinen Schultern trägst.« Kennen auch Sie solche Situationen, auch noch nach Ihrer Priesterweihe?

Nein, ich habe nicht das Gefühl, dass ich das Gewicht der Welt auf meinen Schultern trage. Ich habe jetzt als Bischof viel Verantwortung zu tragen, aber es ist wirklich so, dass ich mich darin getragen fühle. Ich versuche, so gut es geht, ein intensives Gebetsleben zu führen, auch gestützt durch meine Gemeinschaft, und immer mit dem Herrn zu sein und vor ihm zu stehen. Das Gottvertrauen ist für mich ein wesentlicher Faktor. Ich schlafe in der Regel auch gut, und wenn ich schlecht schlafe, liegt der Grund meist nicht darin, dass ich Probleme wälze.

Nach der Priesterweihe kommt eine geradezu atemberaubende Entwicklung: Promotion, Albertus-Magnus-Preis, Universitätspreis, Habilitation, Ernennung zum Professor, eine Vielzahl wissenschaftlicher Arbeiten, hohes Ansehen unter den Mitbrüdern. Ab 2009 lehren Sie Dogmatik und Dogmenge-

schichte an der Philosophisch-Theologischen Hochschule in Benediktbeuern. Sie spielen mit den Studenten Fußball, gründen die Gebetsgruppe »god for youth«. Aber warum nun ausgerechnet Dogmatik, das Schwierigste von allem? Böse Zungen sagen auch: das Langweiligste.

Auch das ist mir eher zugewachsen. Ich komme ja nicht aus der Theologie, sondern der Philosophie. Ich habe meine Promotion darin gemacht und hier auch meine ersten Lehrveranstaltungen gehalten. Ich selbst wollte mich zunächst nicht habilitieren, aber meine Ordensoberen haben irgendwann gesagt: Unsere Hochschule in Benediktbeuern ist in einem Prozess des Umbruchs, wir müssen eigene Leute qualifizieren; schau mal, dass du eine »Habil«, eine Habilitation, machst, damit du eine Professur übernehmen kannst.
Schon immer beschäftigt hat mich die Frage Mensch sein, Person sein. Jetzt überlegte ich: Wie ist denn das mit dem Menschsein und der Eucharistie? Was heißt eigentlich Wandlung, Transsubstantiation? Jesus wandelt sich, damit sich der Mensch wandelt? Was bedeutet eigentlich Person sein unter der Perspektive von Wandlung? Das ist mein Thema, eigentlich mein Lebensthema. Meine Oberen meinten schließlich, ich könnte beides machen, Philosophie und Theologie. Na ja, und dann war ich irgendwann plötzlich Dogmatik-Professor.

Sie gelten auch als Kenner mittelalterlicher Theologie und Philosophie und entwickelten eine eigene These zur Interpretation von Thomas von Aquin. Ihre Habilitation ist ein dicker Wälzer von 700 eng bedruckten Seiten. Allerdings bricht man sich schon beim Titel –»Person und Transsubstantiation« – fast die Zunge. Und dann geht es im Text auch noch um »phänomenologisch oder transzendental-philosophisch beeinflusstes personalistisches Denken«.

Oje! Ja, erstens bin ich nicht so ein profunder Thomas-Kenner. Das meiste, was ich hier weiß, habe ich von Ferdinand Ulrich gelernt. Und so abstrakt die Sachen auch klingen, die Sie hier jetzt zitieren: Mir ging es immer um ganz konkrete Fragen des Menschseins. Und die habe ich in ein weites Gespräch gebracht und versucht, Spuren zu finden. So entstanden halt diese dicken Bücher.

Wofür die Evangelisten nur ein paar Seiten benötigten.

Ja, aber ich schöpfe gerade auch bei meinen Kurzvorträgen vor jungen Leuten, die ich alle vierzehn Tage halte, aus dem Reichtum, den ich mir in meiner wissenschaftlichen Qualifizierung erarbeiten durfte. Ich habe deshalb auch kein Problem damit, theologische Dinge für junge Leute einigermaßen verständlich zu machen.

Die katholische Kirche will uns glauben machen, dass die Hostie und der Wein durch Transsubstantiation, also die Wandlung in der Eucharistie, zum Leib und Blut Christi werden. Aber jeder kann doch sehen, dass Hostie Hostie und Wein Wein bleibt.

Das Beispiel, das dieses Geheimnis vielleicht am besten erklären kann, ist das Thema der Gabe. Was ist eine Gabe? Mit einer Gabe beschenken wir jemanden – und auf geheimnisvolle Weise schenken wir uns in dieser Gabe auch selbst mit. Der wirklich Liebende will sich in der Gabe eigentlich selbst schenken, aber er kann nur eine Rose, einen Ring, einen Brief geben. Diese Gaben drücken für ihn aus: Ich gehöre dir, ich schenke mich dir. Bei uns Menschen ist die Fähigkeit zu geben begrenzt und gebrochen. Wir schenken etwas – und sind doch nicht ganz gegenwärtig in der Gabe. Aber wenn Gott schenkt, dann kann Er ganz in der Gabe gegenwärtig sein. Gott schenkt und schenkt sich ganz. In der Gestalt des Brotes kommt zum Ausdruck: hier ist Gott ganz gegenwärtig.

Jesus hat seiner Kirche aufgetragen: »Tut dies zu meinem Gedächtnis.«

Ja, wir feiern immer neu, wir erinnern uns immer neu, dass sich Christus mit seinem Tod und seiner Auferstehung, mit seiner Hingabe gewissermaßen unverbrüchlich der Welt eingewandelt hat. Wir ernähren uns vom Brot des Lebens. Christus gibt uns Anteil an seinem Leib, wie der heilige Augustinus das so schön sagt: Empfangt, was ihr seid, den Leib Christi – auf dass ihr werdet, was ihr seid: Leib Christi. Wir werden eingegliedert in seine Gegenwart.

Don Bosco hatte eine besondere Nähe zur heiligen Maria. In allen salesianischen Einrichtungen wird jeweils am 24. eines Monats der sogenannte Maria-hilf-Segen gespendet. Nun gibt es auch beim Salesianer Stefan Oster eine besondere Verbindung zu diesem Datum. Ewige Profess am 24. Juli, Priesterweihe am 24. Juni, Bischofsweihe am 24. Mai. Sie werden nach Passau berufen und erfahren, dass von hier aus die Maria-hilf-Verehrung ihren Ausgang nahm. Was ist das? Zufall? Eine Laune der Geschichte?

Wenn es stimmt, was Karl Rahner gesagt hat, dass der Christ der Zukunft ein Mystiker sein wird oder nicht mehr sein wird, dann steht und fällt dieses Mystikersein aus meiner Sicht mit der Erfahrung, wie wir Maria in unser geistliches Leben hineinnehmen. Wie wir Maria, die Urgestalt von Kirche, Hilfe der Christen sein lassen. Ich empfinde es als Teil meiner Sendung, auf dieses Geheimnis immer neu hinzuweisen. Jesus ist in Maria Fleisch und Blut geworden. Um auch mich zu wandeln, muss er auch in mir Fleisch und Blut werden. Und das geht nur, wenn ich in der Gegenwart der Muttergottes bin. Wenn ich in ihrer Nähe lerne – und jetzt kommt das, was wir in der Eucharistie tun –, Gott zu empfangen und zur Welt zu bringen. Das ist ja das Unfassbare, dass wir dasselbe tun können, was Gott tut. Wir sind als Kirche berufen, in der Eucharistie Gott zu empfangen und als Liebe zur Welt zu bringen. Jesus der Welt zu geben. Wir teilen die Kommunion aus und geben Jesus der Welt. Und wenn wir sagen, wir sollen mit unserem ganzen Leben eucharistische Menschen sein, so heißt auch das nichts anderes als: Gott empfangen und der Welt geben – wie Maria und mit ihr.

»Ich hatte immer die Ahnung«, so erklärten Sie nach Ihrer Berufung ins Bischofsamt, »dass für mich noch einmal eine Stufe der Radikalisierung kommt.« Denn das Ordensleben sei schon etwas »verbürgerlicht« gewesen. Worin besteht denn nun diese Radikalisierung? Dass Ihr Terminkalender auf ein Jahr hinaus ausgebucht ist? Dass Sie erst mit 75 das Pensionsalter erreichen?

Ich habe den Eindruck, beim Bischof gibt es noch einmal eine engere Verschmelzung von Amt und Person und damit eine Reduktion dessen, was man vorher noch gerne als persönliche Freiheit gehabt hätte. Ich bin auch der Bischof, wenn ich in Passau zum Einkaufen gehe. Ich bin auch der Bischof, wenn ich irgendwo in Urlaub hinfahre. Als Bischof ist man noch stärker öffentliche Person. Noch stärker in die Verantwortung genommen. Radikalisierung bedeutet, dass ich diese Dinge auch geistlich vollziehen muss. Das heißt, ich muss mich in diese Gestalt wirklich hineinnehmen und formen lassen. Ich bin Bischof. Und ich bin es nicht für mich. Ich bin es für den Herrn und für die Menschen. Und das bedeutet, auf sich zu nehmen, was da immer auch kommen mag. Auch die öffentlichen Prügel etwa. Aber vor allem auch die Herausforderung, der erste Beter des Bistums zu sein. Die Herausforderung, wirklich Verantwortung für die Menschen zu übernehmen, mit denen ich unterwegs sein darf. Und vor allem die Verantwortung, das Evangelium in der rechten Weise zu verkünden.

Ein leidenschaftlicher Glaube, wie Sie ihn zeigen, kann faszinierend sein. Aber heute fragt man sich gleichzeitig, ob mit einem solchen Menschen was nicht stimmt. Ob sich da nicht vielleicht schon ein religiöser Wahn anzeigt.

Ja, ob der einen an der Waffel hat (lacht).

Wobei man heute eine religiöse Praxis, wie sie für unsere Großeltern und Eltern noch selbstverständlich war, bereits als Fundamentalismus interpretiert.

Dieses Schicksal hat allerdings auch Jesus schon geteilt. Auch Don Bosco. Viele Menschen, die entschieden ihren Glauben bekennen, kriegen solche Vorwürfe. Ich kann darauf nur antworten, ich fühle mich innerlich freier, angekommener, als ich es je war. Nach meinem ohnehin nicht schlechten Leben, bevor ich meine Berufungserfahrung machen durfte.

Als Bischof legten Sie sich schnell mit allen möglichen Leuten an: mit einem Bischofskollegen aus Belgien, mit dem Zentralkomitee der deutschen Katholiken, mit der Lokalpresse. In Ihrem ersten Hirtenbrief machten Sie klar: »Ich bin nicht hier, um alle Erwartungen zu erfüllen, sondern um das Evangelium zu verkünden.« Und plötzlich kam der Befund: »Ein Reformer ist er nicht.« Was sind Sie?

Ich habe eine Vision von einer reformierten Kirche, ohne Frage, aber ich kann sie nicht selbst herstellen. Das machen der Herr und der Heilige Geist. Es geht in dieser Vision deshalb darum, sich immer mehr dem Heiligen Geist zu öffnen, um zu verstehen, was er in uns und mit uns wirken will. Das ist die einzig mögliche Reform in der Kirche. Jede echte Reform nahm ihren Ausgang stets von einer Rückkehr zum Evangelium her, der Rückkehr in die demütige Anbetung vor dem Herrn. Genau daraus erwachsen uns die Antworten, auch für diese Zeit. Ich mache nicht Reform um der Reform willen. Ich will auf den Herrn hinweisen – und dann sollen andere beurteilen, ob das Reform ist oder nicht. Das ist nicht meine Kategorie.

Wobei Begriffe wie reformorientiert oder konservativ heute oft ganz falsch angewendet werden. Nicht jede Liberalisierung oder Aufweichung ist fortschrittlich, ganz im Gegenteil. Und Bewahrung ist nicht automatisch reaktionär, sondern unter bestimmten Umständen geradezu revolutionär. Sind die alten Unterscheidungsmerkmale überhaupt noch brauchbar?

Daran zweifele ich. Auch, weil ich nicht so gerne mit Etiketten belegt werde, die wir so schnell bei der Hand haben. Da heißt es dann zum Beispiel: Na ja, der fährt jetzt ein kleineres Auto, der zieht in eine WG, der ist irgendwie freundlich, der ist anders. Also ist er vermutlich ein Reformer. Aber dann entscheidet sich diese Einschätzung ganz schnell an den üblichen Fragen: Wie steht er zum Zölibat? Wie steht er zur Homosexualität? Wie steht er zur Wiederverheiratung Geschiedener? All das hat ja direkt oder indirekt immer mit der Frage nach Sexualität zu tun. Und tatsächlich ist das ein Bereich, an dem sich die Geister scheiden können. Es ist jedenfalls klar zu sehen, dass an genau dieser Stelle Lager auseinandergehen. Das heißt nicht automatisch, dass die einen okay und die anderen nicht okay sind. Es gibt im konservativen Lager wirkliche Betonköpfe, wo man das Gefühl hat, das sind Traditionalisten in einer Weise, in der die Liebe verlorengeht. Und es gibt umgekehrt im liberalen Lager wirklich hingebungsvoll Liebende, die aber dann womöglich das Thema Wahrheit nicht mehr so ganz auf dem Schirm haben. Mit der Folge, dass dann die Frage entsteht, ob die Liebe wirklich den Namen verdient.

Ist es nicht auch eine Illusion zu denken, die Urchristen hätten nur in Eintracht und Liebe zueinandergestanden? »Es wird eine Zeit kommen«, sah Paulus den bleibenden Grundkonflikt voraus, »in der man die gesunde Lehre nicht erträgt, sondern sich nach eigenen Wünschen immer neue Lehrer sucht, die den Ohren schmeicheln; und man wird der Wahrheit nicht mehr Gehör schenken, sondern sich Fabeleien zuwenden.« (2 Tim 4,3) Ist der Streit um den richtigen Weg nicht auch ein unverzichtbarer Moment, um den Glauben einerseits stets erneuern und ihn gleichzeitig authentisch weitergeben zu können?

Ja, beides. Ich habe ja manchmal den Eindruck, dass die ganzen Streitthemen, die medial so stark ausgetragen werden, uns in der Regel daran hindern, in die Mitte zu kommen, zu dem, worum es eigentlich geht. Deswegen sage ich ganz gerne: Lassen wir mal die Streitthemen weg, konzentrieren wir uns auf das Eigentliche. Dann sieht man von innen her diese Fragen auch wieder neu. Andererseits, wenn sich an diesen Fragen schon auch was entscheidet, dann muss man da und dort einfach auch einmal klar sein und sagen: Das und das glauben wir, und jetzt ist es auch einmal gut! Im Übrigen bin ich der Überzeugung, dass die Wahrheit auch dort, wo sie manchmal weh tut, ein Ausdruck von Barmherzigkeit sein kann! Der Zahnarzt bohrt auch, bis die Fäulnis aus dem Zahn draußen ist – und muss vielleicht sogar weh tun. Aber letztlich geht es ihm trotzdem um die Gesundheit des Zahnes.

Über die eingeengten Perspektiven in Glaubensfragen, die speziell von Leuten gepflegt werden, die mit Christentum und Kirche eigentlich gar nichts am Hut haben, sagte Chesterton, diese Verkürzung der Inhalte könnte einerseits sehr aufregend sein. So ähnlich wie der letzte Akt eines Schauspiels es für Zuschauer ist, »die kurz vor dem Fall des Vorhangs ins Theater gekommen sind«. Andererseits führten sie »nicht gerade zur Kenntnis dessen, um was es sich eigentlich handelt«.

Ich habe mal an einer Programmkommission für einen der Katholikentage mitgearbeitet und dabei den Vorschlag gemacht: Machen wir doch einfach mal eine Arbeitsgruppe oder ein Podium, wo es darum geht, von jemandem richtig gut erklären zu lassen, was bei den sogenannten Reizthemen die Hintergründe seien und warum die Kirche daran festhält. Aber das wollte keiner. Viele können sich anscheinend mit Kirche nur noch identifizieren, wenn sie endlich den Positionen entspricht, die man selbst hat und nicht mehr preisgeben will.

Muss die Kirche aber nicht auch die weniger Eifrigen aushalten können, die Schwachen im Glauben?

Ja, natürlich, gar keine Frage. Wenn ich zum Beispiel auf den vielen Dekanatskonferenzen und Versammlungen anfange zu reden und dann in Schwung komme, fühlen sich die Leute manchmal überfordert und denken: Wir machen doch ohnehin schon so viel und strengen uns schon wahnsinnig an, was sollen wir denn noch alles machen? Dann sage ich: Liebe Leute, ich will euch nicht überfordern, um Gottes willen! Ich freue mich über alles, was gemacht wird, was gut ist und was an Engagement da ist. Was ich will, ist, Sehnsucht wecken. Wenn ein Mensch sich verliebt, dann ist plötzlich seine ganze Welt, auch die Alltagswelt, in ein neues Licht getaucht. Mir geht es darum, all das, was wir eh schon machen, von einem neuen Licht anstrahlen zu lassen. Dann kriegt das Ganze noch einmal – wie soll ich sagen? – eine andere Farbe, einen anderen Geschmack.

Beispiel Caritas. Wir haben so viele großartige Leute, die hier tolle Arbeit machen. Aber unser aller Frage ist ja, was ist das christliche Profil einer Caritas-Einrichtung? Über 600 000 festangestellte und weitere 500 000 ehrenamtliche Mitarbeiter arbeiten in Deutschland bei der Caritas. Aber dadurch, dass es ein großes Sozialwerk ist, neigen die Menschen dazu, Sozialarbeiter zu sein, die ihre Arbeit gut machen, aber eben auch ohne Glauben dort arbeiten können, wenn sie etwa gute Sozialarbeiter sind. Meine Bitte ist: Vergessen wir nicht, die Menschen auch wieder in die Begegnung mit dem Herrn zu führen. Erschließen wir auch Begegnungsräume mit dem Herrn, so dass es wie eine Art neue Liebe alles andere durchdringt. Das will ich und nicht noch mehr Anstrengung, noch mehr leisten, mehr überfordern. Das wäre der falsche Weg.

Aber war der Clou von Volkskirche nicht auch, dass sie gewissermaßen breit über die Ufer schwappt? Nur so hatte sie die Kraft, wirklich auch Kultur und Lebensart zu durchdringen. Sie spiegelt einen hohen Grad an religiöser Zivilisation wider, weil sie mittig ist und vor einem Abgleiten ins Sektierertum geschützt hat.

Aber nicht geschützt hat vor Oberflächlichkeit. Wir alle verdanken der Volkskirche viel. Das sollte man nicht kleinreden.

Die künftige Kirche ist definitiv nicht mehr Kirche aller …

Aber sie muss für alle offen sein. Papst Franziskus sagt uns, dass wir eben die Schwachen, die Menschen in Not, am meisten im Blick haben müssen.

Er sagt auch: »Diese Kirche, mit der wir denken und fühlen sollen, ist keine kleine Kapelle, die nur ein Grüppchen ausgewählter Personen aufnehmen kann.«

Darin liegt aber auch eine große Spannung. Wir sind die Kirche, die auf dem Fundament der Apostel gebaut ist. Das heißt: Ich brauche in jedem Fall ein paar Apostel. Und die Apostel waren sogar bereit, für ihren Glauben zu sterben. Klar, es gibt größere und kleinere Sendungen. Don Bosco war ein Radikaler, was Glauben angeht und was Liebe angeht. Und er lebte zutiefst in Christus. Und welche Ausstrahlung hatte er dabei für die vielen Jugendlichen, die verloren auf der Straße vagabundieren mussten! Er hat sie herausgefordert, ihren Glauben zu leben; ohne dass er das zum Kriterium dafür nahm, ob er sie aufnahm oder nicht.

Ist es für einen Bischof und für jeden noch praktizierenden Katholiken eigentlich nicht auch ungeheuer mühselig und anstrengend, dieser Welt immer und immer wieder klarzumachen versuchen, was sie an Christentum und Kirche hat?

Ja, das ist mühselig.

Muss man da irgendwann einmal nicht auch verzagen?

Ich hoffe nicht. Denn die Kraft kommt nicht aus mir selbst. Ich bin jedenfalls noch nicht müde. Ich weiß natürlich nicht, ob ich es womöglich nicht doch einmal sein werde. Ich liebe Johannes Paul II., der mit seiner letzten Lebensenergie noch ein Verkündiger war, ein Zeuge des Evangeliums.

Es gibt genügend berechtigte Kritik an der Kirche, aber sollte nicht auch eine Gesellschaft ohne Gottesbezug sich fragen müssen, wohin sie uns treibt? Mit dem schrecklichen Müll, den sie hervorbringt, der ganzen Hässlichkeit, Dummheit und Verrohung? Warum trauen sich die Katholiken nicht, den Spieß einmal umzudrehen?

Wir sind Kinder dieser Zeit. Der Säkularisierungsprozess ist auch in unsere Kirche, in unsere Orden eingedrungen. Manchmal frage ich mich, ob wir überhaupt noch eine gemeinsame Basis finden, auf der wir verstehen, was wir miteinander glauben? Ist unsere Lehre vom Menschen noch eine einheitliche? Um noch einmal das Wort von der Bekehrung zu strapazieren, das aus dem volkskirchlichen Milieu nahezu verschwunden ist: Wenn durch den Säkularisierungsdruck nun der Glaube noch mehr verdunstet – ist dann der Glaube noch tief genug in uns, um missionarisch tätig sein zu können? Und mit missionarisch meine ich jetzt gar nicht unbedingt, dass man das immer groß verkünden muss, sondern so, dass ich von dem Wunsch beseelt bin, dass auch andere den Herrn kennenlernen, und sei es nur durch meine Liebe, die ich ihm erweise. Habe ich diesen Wunsch als normaler Christ noch, und zwar, weil das deren Rettung ist? Glaube ich das noch?

Sie haben einmal den Unterschied zwischen Heilsuniversalismus und Heilsautomatismus thematisiert.

Ja. Auf Facebook. Wir haben mit dem Konzil neu deutlich gemacht, dass Gottes Heilswille universal ist. Dass Gott will, dass alle Menschen gerettet werden. Aber der daraus entstandene Gedanke des Heilsautomatismus ist gewissermaßen der Kurzschluss aus dieser Lehre. So in dem Sinne: Na ja, wenn er will, dass alle gerettet werden, dann sind am Ende ohnehin alle dabei. Also muss ich mich gar nicht anstrengen oder mich gar bekehren. Und die paar Sünden, die ich habe, da muss ich auch nicht in die Kirche gehen. Aber Heilsautomatismus widerspricht dramatisch dem Neuen Testament. »Kehrt um«, heißt es darin. Hier geht es darum, dass sich der Mensch für Christus entscheidet – oder andernfalls verlorengeht. Ein Drittel der Jesusworte sind Gerichtsworte. Die sagt er nicht einfach nur so, sondern weil er sieht, wohin ein Herz geht, das ihm nicht nachfolgt.

Vielleicht haben die Christen von heute hierfür zu wenig Selbstbewusstsein. Obwohl sie sich doch in bester Gesellschaft befänden. Die größten Genies der Menschheit, Dichter, Musiker, Maler, Leute wie Michelangelo, Shakespeare, Mozart und Bach, Paul Claudel, Heinrich Böll, Pasolini, sie alle haben etwas mit diesem Glauben zu tun.

Ja, aber woher käme das Selbstbewusstsein? Jetzt mache ich mal noch eine andere Unterscheidung: Glauben wir, um lediglich unser altes Ego zu stabilisieren? Oder sind wir bereit, unser altes Ego dranzugeben, um eine neue Identität zu gewinnen? Wir sagen manchmal: »Ich bin Deutscher. Ich bin Bayer. Ich bin Fan des FC Bayern. Ich bin Bürgermeister von Irgendwas. Und ich bin auch noch gläubig.« Da ist gewissermaßen die Gläubigkeit eine Art religiöser Zuckerguss, der irgendwie zusätzlich meine vielgestaltige Identität ausmacht. Aber das richtige Selbstbewusstsein entsteht doch erst, wenn ich festen Stand gewonnen habe in Christus. Und die Erfahrung gemacht habe, Er ist der, der mein Leben trägt und stärkt. Dann kann ich anfangen und sagen: Freund, ich habe einen Reichtum, den würde ich auch dir gerne gönnen. Ich muss also erst einmal selbst Glauben als Reichtum erspürt haben – und nicht als etwas, was mir halt so zur Verfügung steht wie meine anderen vermeintlichen Identitäten, über die ich bestimme.

Denn genau das ist der Punkt: Bestimmt Christus mein Leben – oder sage ich: Wer Christus für mich sein soll, wie viel Platz er in meiner Seele haben darf, das bestimme ich immer noch selbst? Nur: Vom Evangelium her ist völlig klar, dass Christus der absolute Mittelpunkt in meinem Leben sein will. »Du sollst den Herrn, deinen Gott, lieben mit ganzem Herzen, ganzer Seele, ganzer Kraft, all deinen Gedanken«, sagt er uns im Evangelium als das wichtigste und erste Gebot für seine Jünger.

»Deine Rede ist hart«, würden jetzt wohl einige der Apostel sagen, wie sie es auch zu Jesus sagten. Um noch einmal den Heilsuniversalismus aufzugreifen: Alle Prophezeiungen Jesu sind eingetroffen, eine aber steht noch aus. Und man kann ohne Übertreibung sagen, es ist die größte Vision der Weltgeschichte überhaupt, nämlich seine für alle sichtbare Rückkehr. Erst dann wird sein Auftrag abgeschlossen sein. Für diese Wiederkehr beten Katholiken in jeder heiligen Messe: »Bis du kommst in Herrlichkeit«, heißt es da im Text. Warum wird die Frage der Wiederkunft Christi heute dennoch so tabuisiert? Glaubt selbst die Kirche nicht mehr daran, weil das Warten darauf einfach schon zu lange dauert?

Womöglich, ja. Ich glaube schon, dass je tiefer jemand in den Glauben kommt, desto mehr rechnet er mit dieser Wiederkunft. Die innere Nähe zum Herrn führt zu dem Wunsch, dass er kommt und diese Welt auch richtet. Diese Welt ist unfassbar ungerecht. Wenn ich mir vorstelle, es werden Menschen in Konzentrationslagern in Nordkorea geboren und sehen nichts anderes, bis sie irgendwann einmal grausam zu Tode gefoltert werden. Und das ist nur ein Beispiel für die vielen unfassbaren Ungerechtigkeiten dieser Welt und den Wunsch: Herr, komm! Seit Jesu erstem Kommen leben wir, so sagt es das Evangelium, bereits in der Endzeit. Wie lange die dauert, wissen wir allerdings nicht.

Christen glauben, dass die zweite und endgültige Erscheinung Jesu alles in den Schatten stellen wird, was jemals auf diesem Planeten passiert ist. Sie wird die Welt nicht nur aus den Angeln heben, sondern sie so, wie sie jetzt ist, beenden. Kann man sagen, dass wir heute nicht mehr nur in der Zeit nach Christus, sondern mehr und mehr eigentlich schon wieder in der Zeit vor Christus leben?

Das weiß ich nicht. Ich kann dem Gedanken aber durchaus etwas abgewinnen. Ich kann andererseits aber auch dem verstorbenen Kardinal Lustiger etwas abgewinnen, der einmal gesagt hat, das Christentum befindet sich womöglich erst in den Kinderschuhen. Erst nach und nach könnten wir verstehen, was der Glaube eigentlich im tiefsten Herzen mit unserem Menschsein macht und wo Jesus mit uns hinwill. Allerdings sollte jeder Christ stets darauf vorbereitet sein, dass der Herr jeden Augenblick wiederkommen kann.

Was einen Paradigmenwechsel auslösen könnte in unserem Denken, unserem Handeln, einfach in allem.

Jesus sagt, er kommt wie ein Dieb in der Nacht. Und man soll bereit sein und wachen und die Lampen am Brennen halten. Das sind die Bilder des Evangeliums. Und Paulus sagt dann: Aber ihr lebt nicht in der Nacht, ihr lebt am Tag. Ihr kennt den Herrn.

Das Bewusstsein für Endlichkeit scheint in unseren Tagen wieder stärker zu werden. Wir sehen die Endlichkeit der Ressourcen, die wir so gnadenlos verbraucht haben. Die Endlichkeit des eigenen Lebens, das wir so exzessiv wie möglich ausbeuten wollen und von dem wir in der Beschleunigung der Zeit erkennen, wie kurz es eigentlich ist. »Beim zweiten Mal wird er nicht wegen der Sünde erscheinen«, heißt es im Hebräerbrief über die Wiederkehr Christi, »sondern um die zu retten, die ihn erwarten.« (Hebr 9,28) Im Evangelium nach Markus steht: »Und er wird die Engel aussenden und die von ihm Auserwählten aus allen vier Windrichtungen zusammenführen, vom Ende der Erde bis zum Ende des Himmels.«

Vielleicht steigert und verdichtet sich dieses Geschehen immer mehr. An einer Stelle des Evangeliums hat Jesus das Bild von den Wehen verwendet, die wie die Wehen einer schwangeren Frau zyklisch kommen und sich steigern. Aber wenn das Ende eintritt, im dramatischen Ringen zwischen Gott und einer sich verweigernden Welt, dann kommt in der Wiederkunft des Herrn dennoch nur Liebe! Klar, die Liebe kommt auch in der Wahrheit. Und wir werden fragen müssen: Wie pflegen wir unsere Beziehung zu Christus, so dass er einfach kommen kann und wir sagen: »Herr, Du bist da – wie schön!« Oder wird seine Liebe, sein Licht, seine Wahrheit uns überführen, mit was wir alles gelebt haben, was nicht zu Ihm passt? Im Johannesevangelium steht: Wer glaubt, kommt nicht ins Gericht. Wer nicht an mich glaubt, ist schon gerichtet.

Aber im Moment sehen wir auch: Die Kirche, aufs Weltganze betrachtet, wächst ja. Und wir können Christus heute eigentlich wieder besser kennen als in manchen anderen Jahrhunderten zuvor. Das sagt uns auch der Johannes-Evangelist: Der Heilige Geist wird euch in alle Wahrheit einführen, und er wird euch Dinge zeigen, nach und nach, die noch größer sind als das, was ihr jetzt seht.

DIE KRISE DES GLAUBENS

Der Niedergang des Christentums in Deutschland

1

Herr Bischof, die Austrittswelle aus den Kirchen hat in Deutschland einen neuen Höhepunkt erreicht. Mit 217716 Mitgliedern haben 2014 so viele Menschen wie noch nie zuvor die katholische Kirche verlassen. War es ein Schock für Sie?

Nein. Auch wenn es mich sehr bewegt, dass die Menschen der Kirche den Rücken kehren. Aber ich habe den Eindruck, der Säkularisierungsschub ist so groß, dass das Ende der Talsohle noch nicht erreicht ist. Die Entwicklung wird weitergehen und sich noch einmal beschleunigen. Denn die Entfremdung der jungen Generation nimmt zu, die Älteren sterben weg. Das heißt, immer mehr Menschen werden entweder gar nicht mehr getauft oder sie entfernen sich.

Um das ganze Ausmaß der Austritte erkennen zu können, muss man die Zahlen für beide Volkskirchen zusammen betrachten. Von 1990 bis 2013 traten 3,2 Millionen Menschen aus der katholischen Kirche und 4,5 Millionen aus der evangelischen Kirche aus. Mit den Abgängen von 2014 und 2015 sind das in einem Zeitraum von nur 24 Jahren weit über acht Millionen Menschen. Ist das nicht geradezu eine Massenflucht aus dem Christentum?

Massenflucht ist ein zu starkes Wort. Ich glaube, diese Entwicklung ist einfach eine Antwort auf die Erfahrung der Menschen, dass der christliche Glaube stark an Relevanz verloren hat. Humanisten sind wir ja irgendwie alle, sagt man. Und ethische Entwürfe für ein normales Leben in unserer Gesellschaft gibt es genug, die man sich aussuchen kann. Es gelingt uns offenbar nicht mehr zu verdeutlichen, was eigentlich der Kern und das Herz des Christentums ist. Dann erleben Menschen vielleicht christliche Feiern, die an Eckpunkten des Lebens noch einmal ganz schön sind, aber das bleibt ohne eine tiefere Überzeugung und Verbindlichkeit.

Durch den Beitritt der ehemaligen DDR hat sich die konfessionelle Struktur Deutschlands noch einmal deutlich verändert. »Ich glaube nicht an Gott« sagen in Westdeutschland 10,3 Prozent der Bevölkerung, in den neuen Bundesländern sind es dagegen 52 Prozent. Seit der Wende von 1989 ist hier der Anteil der Kirchenmitglieder in der Bevölkerung noch weiter gesunken: von 37 Prozent auf heute knapp 23 Prozent. Ist das nicht auch ein ungeheures Versagen von Mission im eigenen Land, dem Grundauftrag der Kirche?

Ja. Das Versagen von Mission bewegt mich sehr. Wir haben als Volkskirche nicht gut gelernt, mit den Bedingungen der Moderne umzugehen. Anders gesagt: Volkskirchliche Strukturen, wie wir sie – wenigstens in meinem Bistum – noch haben, antworten nicht besonders gut auf moderne Bedingungen. Deshalb auch das Versagen oder besser Ausbleiben von Mission.

Liegt das nur an den Strukturen?

Nein. Ich kenne Leute aus freikirchlichen Gruppierungen, die in die Flüchtlingslager in der Türkei und in Jordanien gehen, um voller Freude von Jesus zu erzählen. Da denke ich mir: Wie tief muss man im Glauben drin sein, um so etwas im Kreuz zu haben! Wenn ich jetzt bei uns sagen würde: Liebe Christen, da kommen mit den Flüchtlingsströmen jetzt Hunderttausende von Muslimen zu uns, die wissen nichts von unserem Glauben. Jetzt geh mal hin und erzählt denen von Jesus – alleine schon bei so einer Vorstellung spürt man: Wir haben im Allgemeinen nicht mehr die innere Substanz, dass wir frei und froh und zugleich liebevoll Jesus verkündigen könnten – und mit ihm die Werte, die aus dem Evangelium fließen. Denn natürlich muss das auch verbunden sein mit dem gelebten, liebenden Zeugnis am Menschen.

Das eine ist der Verlust an Mitgliedern, das andere der Niedergang des praktizierten Glaubens. 1990 besuchten noch 6,2 Millionen Katholiken die Sonntagsmesse, 2014 waren es nur noch 2,6 Millionen. Allein in den vergangenen 24 Jahren verlor die katholische Kirche damit 3,6 Millionen Menschen vor dem Altar. Das sind 60 Prozent der Gottesdienstbesucher. Müsste das nicht alle Alarmglocken auslösen?

Ja, tut es auch. Wir ringen um die Antwort. Und ich glaube nicht, dass wir die Antwort so ohne weiteres flächendeckend kriegen. Ich glaube, die Antwort geht aus von einzelnen, brennenden Personen, die Kristallisationszentrum des Glaubens werden, die vielleicht kleine Gruppen bilden, die dann in konzentrischen Kreisen wieder wachsen können.

Muss einen der Rückgang bei den Gottesdienstbesuchern nicht noch mehr erschrecken als die Austritte?

Ja. Er sagt etwas über die Bindung im Glauben, über die Überzeugung aus. Wenn wir einen Blick auf die kirchlichen Eheschließungen werfen, sehen wir das noch gravierender. Während sich die Zahl der Gottesdienstbesucher etwas mehr als halbiert hat, ist die Zahl der kirchlichen Eheschließungen im selben Zeitraum auf nahezu ein Drittel runtergegangen.

Das heißt, wir haben nur noch etwas über 40 000 katholische Eheschließungen pro Jahr für ganz Deutschland. Eheschließung bedeutet ja noch einmal eine bewusste Entscheidung für ein Leben mit Gott, in das ich auch meine Beziehung hineinstelle. Das wollen viele nicht mehr.

Ein dramatischer Niedergang zeigt sich auch bei Glaubenswissen, Glaubensbewusstsein und -bindung. Nur noch ein Drittel der Deutschen glaubt heute an die Auferstehung Christi. Selbst unter den Gläubigen werden zentrale Inhalte der christlichen Botschaft massenhaft abgelehnt. 60 Prozent glauben nicht mehr an ein ewiges Leben. Benedikt XVI. nannte das: »Die Abwesenheit des Glaubens bis tief in die Kirche hinein.«

Dem würde ich zustimmen. Einer meiner Ordensbrüder war einmal eingeladen, in Vertretung des Priesters bei einer frommen Vereinigung die heilige Messe zu feiern. Als er zu uns in die Gemeinschaft zurückkam, meinte er: »Stellt euch vor, heute war ich bei einer Gruppe, die haben gebetet, als ob es Gott wirklich gäbe!« Er hat das natürlich ein bisschen humorvoll gesagt, aber es war im Grunde ein Reflex auf das, was er für gewöhnlich so erlebt. Die Frage ist: Haben wir in unseren Gottesdiensten noch Ergriffensein und ein Bewusstsein der Anwesenheit Gottes? Ich will das nicht anklagend sagen. Aber das Problem ist: Wie vertiefen wir den Glauben? Wie eröffnen wir neuen Erfahrungsraum?

Global gesehen nimmt der Stellenwert der Religionen zu. Nach einer Prognose des PEW Research Center in Washington wird das Christentum weltweit weiterhin mit einer Rate von 35 Prozent wachsen. In Deutschland jedoch weisen die Zahlen immer nur in eine Richtung: steil bergab. Es geht dabei um die spirituelle Verfassung des Landes, um seine religiösen Wur-

zeln. Sprechen wir, wenn wir vom Verlust des Glaubens sprechen, im Grunde nicht auch von einer nationalen Katastrophe?

Das sind jetzt eher journalistische Begriffe. Ich will als Bischof nicht immer gleich ein Katastrophenszenario an die Wand malen …

Die Wand ist schon beschrieben, und die Zahlen da drauf sprechen eine klare Sprache.

Sicher, wir spüren allenthalben, dass es einen Glaubensverlust gibt und dass jede Menge Verrücktheiten in dieses Vakuum hineinströmen. Die Menschen werden anfällig für alles Mögliche. Wenn man alleine die explosionsartige Zunahme des Geschäfts mit Halloweenartikeln und -feiern sieht oder den ungeheuren Esoterik- und Wellnessmarkt, muss man sich fragen: Was ist da eigentlich los?

Die Schizophrenie bei alldem ist: Zahlenmäßig stellen die Christen in Deutschland – mit Katholiken, Protestanten, Orthodoxen, Freikirchlichen, Evangelikalen, aus der Kirche Ausgetretenen etc. – noch immer etwa 70 Prozent der Bevölkerung; nicht gerade eine Minderheit. Und unbestreitbar ist Europa wesentlich vom Christentum geprägt. Der große Theologe Eugen Biser schrieb: »Ihm verdanken wir unser Wissen um unsere unantastbare Menschenwürde … unsere Verpflichtung zur Solidarität und Toleranz und das Himmelsgeschenk der Freiheit.« Wir verlieren unsere Wurzeln – warum löst der gigantische Niedergang noch immer keinen Aufschrei aus?

Wahrscheinlich ist es so etwas wie eine schleichende Betäubung, ein schleichendes Gift, das sich nach und nach ausbreitet, ohne dass man es zunächst merkt. Ich habe das auch in den Ordensgemeinschaften festgestellt: Warum kann es sein, dass wir aus meiner Sicht so deutlich an geistlicher Kraft verloren und angefangen haben, im Grunde fast ebenso bürgerlich zu leben wie alle anderen auch? Obwohl wir doch Kontrastgesellschaft sein sollen und wollen?

Zur höchsten Austrittswelle seit Beginn der Zählung meinte der Vorsitzende der deutschen Bischofskonferenz seltsamerweise: »Die heute veröffentlichte Statistik zeigt, dass Kirche vielgestaltig ist und eine missionarische Kraft hat.« Ist das Ignoranz? Kann man die Zeichen der Zeit nicht lesen?

Er will, glaube ich, zunächst einmal das Positive aus den Zahlen herauslesen und darauf hinweisen, wo überall immer noch Kirche da ist. Es gibt vermutlich keine Kirche, die sich gerade auch an den Rändern so sehr bemüht wie die deutsche. Und da gibt es nicht nur die Caritas, sondern auch viele andere Organisationen, die wir haben. Bei den Kranken, bei den Alten, bei den Drogensüchtigen, bei den Alleinerziehenden, bei den geschlagenen Frauen, bei den Behinderten – überall ist die katholische Kirche an den Rändern bei den Menschen. Die Frage ist: Nimmt man noch wahr, dass das Kirche ist? Kirche ist vielgestaltig. Und man kann ja wohl kaum behaupten, dass das alles nur nichts wäre.

Aber natürlich gibt es hier auch eine gewaltige Herausforderung. In den sechziger Jahren waren hunderttausend Laien bei der Kirche beschäftigt, heute sind es 700 000. Gleichzeitig aber sank der Kirchenbesuch von damals fünfzig auf heute zehn Prozent. Das ist eine gewaltige Schere, die hier auseinanderklafft.

Aber müssten angesichts einer sich so radikal verschärfenden Krise nicht auch deutlichere Worte gesprochen werden?

Klar, jedes Jahr werden Zahlen veröffentlicht. Was soll denn jetzt der Vorsitzende der Bischofskonferenz jeweils sagen? Jedes Mal sagt er: »Wir sind sehr betroffen.« Und im nächsten Jahr ist es noch schlimmer. Sagt er dann: »Jetzt sind wir noch betroffener«? Was wirklich stimmt, ist, dass wir eigentlich, obwohl wir noch Geld haben, noch Institutionen haben, Menschen haben, eigentlich hilflos wirken.

Dennoch wird im kirchlichen Establishment so getan, als handle es sich bei der Krise um eine Art Zwischentief, das bald wieder verschwindet. Nach dem Motto: Warten wir erst mal ab. Die Haltung der Welt gegenüber scheint zu sein: »Ihr lasst uns in Ruhe – und wir lassen euch in Ruhe. «

Vielleicht ist es sogar noch mehr. Vielleicht gibt es sogar die Versuchung, nicht nur in Ruhe gelassen, sondern endlich von allen gemocht zu werden. Gerade weil oder wenn eine säkularisierte Welt ihren Stachel immer neu in brisante Themen bohrt. Dann gibt es den Wunsch: Hoffentlich können wir das so drehen, dass uns am Ende die Leute doch noch irgendwie gut finden.

Was offenbar wenig funktioniert hat.

Ich glaube, authentische Verkündigung des Evangeliums, die wirklich aus dem Herzen kommt, erzeugt zwei Reaktionen: entweder Anziehung oder Ablehnung. Das Schlimmste aber ist vermutlich die Lauheit, die dazu führt, dass wir irgendwann ganz einfach vergessen werden. Das Salz ist schal geworden. Die Leute latschen drüber. Keiner braucht noch die Kirche. Der Punkt ist: Nur noch wenige Menschen trauen sich davon zu reden, dass es die Möglichkeit gibt, verlorenzugehen. Kaum jemand wagt es noch, den Begriff »Hölle« in den Mund zu nehmen. Dabei ist es Jesus selbst, der das Wort so häufig gebraucht wie sonst keine der Gestalten in der Bibel. Was heißt denn »Bekehrung«? Glauben wir noch, dass die Leute sich wieder bekehren müssen? Dass jemand, wenn er Jesus nicht begegnet oder besser, nicht begegnen will, womöglich nicht gerettet wird? Ich persönlich glaube, dass ich mich jeden Tag bekehren und immer wieder neu zum Herrn hinfinden muss. All das ist nicht einfach zu sagen, aber ich glaube auch, hier ist unsere Verkündigung lau und daher krank geworden.

Die Mitgliederzahlen sinken, das Vermögen wächst. Mit rund 5,68 Milliarden Euro übersprangen 2014 die Einnahmen aus Kirchensteuern zum dritten Mal in Folge die Fünf-Milliarden-Grenze, ein Plus von 4,24 Prozent. Einzelne Bistümer sind unerhört reich. Die Diözese Paderborn zum Beispiel verfügt über 3,6 Milliarden Euro an Rücklagen. Und das bei einer Kirche, die doch eigentlich auf den Herrn vertrauen sollte. Die ein Papst Franziskus als eine Kirche der Armen haben will. Wie passt das zusammen?

Solche Größenordnungen sind auch für mich, als Nicht-Finanzfachmann, nicht so leicht zu verstehen. Aber ich sehe in der Kirche von Passau mit ihren vielen Gliederungen zunächst auch einmal, dass wir 10 000 Mitarbeiter haben. Und was heißt es dann, auf den Herrn zu vertrauen? Zumindest fühle ich, dass ich nicht verantwortungslos sein darf, sondern wir müssen beispielsweise für die große Menge von Menschen, die wir beschäftigen, als Kirche auch Rücklagen bilden, um wirtschaftliche Risiken abfangen oder Pensionen zahlen zu können.

3,6 Milliarden?

Ich kann nicht beurteilen, um wie viele Menschen es da in Paderborn geht. Aber ja, das ist ein Paradoxon, dass wir immer mehr Geld haben – die Kirchensteuern sind ja abhängig von der Konjunktur der Wirtschaft – und gleichzeitig immer mehr Menschen verlieren. Vollere Kassen, leerere Kirchen. Das ist sicherlich nicht das, was Papst Franziskus meint.

Erkennbar ist jedenfalls ein enormes Aufblähen der Bürokratie – während gleichzeitig die Masse der Mitglieder schwindet.

Man kann das nicht so einfach gegeneinander aufrechnen. Vielleicht wäre ja, wenn wir weniger Mitarbeiter hätten, die Situation noch schlechter. Ja, wir haben bürokratische Strukturen. Wir sind quasi auch eine Art Sozialkonzern. Wir wissen, dass Bürokratien zum Selbsterhalt neigen. Es geht dann oftmals auch, aus einer gewissen Arbeitnehmermentalität heraus, um Arbeitsrecht und Tarifverträge und anderes mehr. Das Thema Glaubensverkündigung tritt in den Hintergrund. Allerdings schon auch deswegen, weil es im Grunde nicht mehr so viele können: leidenschaftlich den authentischen Jesus verkündigen.

Es gibt ein großes Wort von Joseph Ratzinger aus der Zeit, als er noch Kardinal war. Leider hat er es in seiner Amtszeit als Papst selbst zu wenig umgesetzt. »Kirche muss auf ihre Güter verzichten«, rief er aus, »um ihr Gut zu bewahren.«

Die Aussage entspricht seiner Rede über die Entweltlichung beim Papstbesuch in Freiburg. Ich habe Verantwortung für zehntausend Mitarbeiter. Wenn ich nun verkünden würde, okay, wir haben so und so viele Altenheime oder Sozialstationen im Bistum, und eigentlich ginge es darum, dass wir das, was wir machen, richtig gläubig und richtig christlich machen. Wir reduzieren also auf ein paar Einrichtungen, und zwar genau auf so viel, für die wir noch die Leute mit echt gläubigem Hintergrund haben. Was meinen Sie, was dann los wäre!? Das geht nicht. Wir haben auch Verantwortung übernommen. Aber natürlich: Dadurch wächst auch das beschriebene Dilemma.

Ich glaube daher, dass wir aus uns selbst heraus einen solchen radikalen Umbruch gar nicht stemmen könnten. Aber wenn die Entkonfessionalisierung so weitergeht, wird uns womöglich das Thema irgendwann aus der Hand genommen. Womöglich wird der Staat irgendwann sagen: Es gibt die Kirchensteuer, und wir refinanzieren auch Lehrer und Sozialarbeiter in den Caritas-Einrichtungen, und es gibt diese Staatsleistungen, von denen in Bayern zum Beispiel Bischöfe und Domkapitulare bezahlt werden, das alles muss auf den Prüfstand kommen. Und dann werden wir uns womöglich neu aufstellen müssen in diesem Staat – einfach weil es viel weniger Christen gibt als zu der Zeit, da all diese Strukturen gewachsen sind.

Wäre das zu wünschen?

Es gibt eine Seite in mir, die sich das wünscht. Aber die andere Seite hat alle Mitarbeiter im Blick, und hier geht es auch um Arbeitsplätze. Da ist jetzt zum Beispiel die neue Situation, die durch die Flüchtlingskrise entstand. Alle fragen: Was macht die Kirche? Wir sagen, wir übernehmen die Trägerschaft im Flüchtlingsheim XY. Meinen Sie, der Mann, der das dann organisiert, findet unter den Sozialarbeitern, die sich um die Flüchtlinge kümmern, nur Menschen, die gläubig sind? Das ist zutiefst ambivalent. Die Caritas hat die Struktur für solche Aufgaben. Gerade jetzt expandiert sie wieder. Sollen wir sagen: Nein, wir machen das nicht? Ich bin ja auch sehr froh, dass wir jetzt gerade hier helfen können!

Sie selbst werden als Bischof vom Staat bezahlt. Die anfängliche Gehaltsstufe B6 entspricht dabei dem Vizepräsidenten beim Bundeskriminalamt oder einem Brigadegeneral, Grundgehalt gut 9000 Euro. *Ein Salesianerpater mit dem Sold eines Brigadegenerals?*

Also ich merke auf einmal, dass ich Geld verdiene, und versuche, damit so umzugehen, dass das einem Ordensmann gerecht ist. Ich gebe davon an Menschen, die es brauchen, oder an Organisationen, die es brauchen.

Jetzt dürften sich nicht nur Atheisten fragen: Wieso soll der Staat einen Bischof der katholischen Kirche bezahlen?

Diese Vereinbarungen stammen daher, dass der Kirche nach der Französischen Revolution und durch die Säkularisation viel genommen wurde. Die Kirche wäre ansonsten heute – Entschuldigung, wenn ich das sage – noch viel reicher. Das sind praktisch immer noch Ausgleichszahlungen.

Und der Staat kann sich davon nicht befreien, weil er die enormen Summen für enteignete Kirchengüter nicht aufbringen kann. Also kein Geschenk des Staates?

Eher ein Entgegenkommen der Kirche.

Die Krise der Kirche zeigt sich auch in der immer dünner werdenden Personaldecke. Von den heute etwa 24 000 weiblichen Ordensmitgliedern in Deutschland sind rund 80 Prozent älter als 65 Jahre. Ähnlich sieht die Altersstruktur bei Mönchen und Priestern aus. In Ihrer Diözese sind von den 354 Priestern im Dienst 114 eigentlich schon im Ruhestand. Viele Lücken werden mit Aushilfen aus Indien und Afrika gefüllt. Ein aussagekräftigeres Bild ist eigentlich kaum vorstellbar: Einst lehrten weiße Priester in Afrika, heute zunehmend afrikanische und asiatische Missionare in Europa.

Wir sind dankbar, dass uns die ausländischen Priester helfen. Aber im Grunde genommen, da muss man ehrlich sein, ist das eine Art Mogelpackung. Weil wir damit verschleiern, dass wir die Priester, die unsere Strukturen versorgen sollen, selbst nicht mehr hervorbringen. Priestermangel gab es allerdings schon immer. Im Verhältnis zur Zahl der noch aktiven Katholiken, die zur Beichte gehen und die Eucharistie wahrnehmen, haben wir heute sogar mehr Priester als etwa noch in den sechziger Jahren. Das Problem ist: Ende des 19. und Anfang des 20. Jahrhunderts gab es so einen Überhang an Priestern, da hat fast jedes Dorf eine eigene Pfarrei bekommen. Und die Pfarreien aufzulösen ist ein ganz schwieriges Unterfangen. Klar, Kirche bildet sich vor Ort, und Kirche muss vor Ort erlebbar und erfahrbar sein. Die Leute sagen: Herr Bischof, unseren Pfarrer dürfen Sie uns aber auf keinen Fall nehmen. So wird manches dramatisiert und als schlimm empfunden, obwohl manchmal vielleicht nur noch ein kleines Häufchen von Gläubigen in diese oder jene Dorfkirche geht.

Trotzdem: Der Priestermangel ist da, und immer wieder wird auch das Modell der Viri probati *diskutiert, also der Einsatz ehrbarer Familienväter für priesterliche Aufgaben. Wären Sie dafür?*

Wir brauchen Männer, die gut in der Verkündigung sind, ein tiefes persönliches Gebets- und Glaubensleben haben und bereit sind, wirklich für die Gemeinde zu sorgen. Denken Sie wirklich, das wären in unseren Breiten so viele, die sich dann auch noch weihen ließen? Ich schätze das Charisma des Zölibats sehr hoch und glaube, dass daraus, wenn es richtig gelebt und verstanden wird, große Fruchtbarkeit ausfließen kann. Deswegen würde ich den Schatz, den die westliche Kirche im Zölibat hat, nicht ohne weiteres preisgeben. *Viri probati* wären eine Möglichkeit, die man versuchen könnte. Ich glaube jedoch nicht, dass dadurch die Probleme gelöst würden.

Um das Ausmaß der Krise noch deutlicher zu zeigen: Sie haben den Rückgang der kirchlichen Eheschließungen angesprochen, auch die Zahl der Taufen hat sich seit 1990 mehr als halbiert. Junge Menschen werden nach Kommunion und Firmung meist nie mehr wieder in einer Kirchenbank gesehen. Neu ist, dass plötzlich auch ältere Menschen in großer Zahl die Kirche verlassen. Und das ist erst der Anfang: Nach Umfragen renommierter Forschungsinstitute tragen sich mindestens zwanzig Prozent der Kirchenmitglieder in beiden Kirchen mit dem Gedanken an einen Austritt. Manche Untersuchungen sprechen sogar von bis zu fünfzig Prozent. Das bedeutet bereits für die nächsten Jahre ein Austrittspotenzial von bis zu zwanzig Millionen Menschen.

Ich halte diese Entwicklung für durchaus realistisch. Umso dringender ist es, dass wir nach Antworten suchen, die über das Herkömmliche hinausgehen.

In Holland sind die Folgen eines derart gigantischen Aderlasses bereits sichtbar. Etwa 1000 Gotteshäuser müssen geschlossen werden, kündigten die holländischen Bischöfe im April 2015 an, das sind zwei Drittel aller noch bestehenden katholischen Kirchen. Durch die geringe Zahl an Gläubigen sei der Pfarrbetrieb nicht mehr aufrechtzuerhalten. Bemerkenswert dabei: In den 60er Jahren hatte sich die holländische Kirche an die Spitze einer liberal-progressistischen Strömung gesetzt. Der »Holländische Katechismus« galt als das Nonplusultra für eine moderne, zukünftige Kirche. Kurze Zeit zuvor, in den 50er Jahren waren noch 90 Prozent der holländischen Katholiken sonntags zur heiligen Messe gekommen, heute sind es noch fünf Prozent. Rechnen Sie auch in Deutschland mit einer massenhaften Schließung von Gotteshäusern?

Ich kann jetzt nur für das Bistum Passau sprechen. Auch hier wird es die eine oder andere Schließung geben. Wohl nicht gleich in den nächsten Jahren. Aber ich weiß andererseits auch nicht, wo die Entwicklung hingeht. Wenn uns bestimmte Konstellationen nicht zur Umkehr verhelfen, dann ist das ein Szenario, das mittelfristig auch auf uns zukommt.

Die Kirchen würden sich, so befindet der Publizist Markus Günther, in den nächsten zwanzig Jahren in der Größenordnung einer Sekte wiederfinden. Muss man sich darauf einstellen, dass es nur noch um das Durchhalten und Bestehen geht?

Nein. Ich möchte gerne missionarisch sein. Natürlich nicht in dem Sinn, dass ich dem anderen den Glauben überstülpe. Ich habe etwas empfangen, einen Reichtum für mein Leben, und ich möchte das weiterverschenken und helfen, dass auch möglichst viele andere Menschen diesen Reichtum entdecken und annehmen können. Wie schon gesagt, wir haben im Laufe der Geschichte in anderen Ländern flächendeckend das Verschwinden des Christentums erlebt. Und trotzdem wird auch in diesen Regionen ein von Jesus ergriffener Christ noch immer versuchen, das Evangelium weiterzugeben. Deshalb geht es nicht ums Durchhalten. Es geht immer neu um die Entdeckung des Herrn und seiner Kirche, um von dorther Leben zu gestalten und missionarisch zu sein.

Was die Strukturen betrifft, kann es durchaus ums Durchhalten gehen. Sobald die Kirchensteuer im großen Stil einbricht, wird in Deutschland der Megakomplex Kirche nicht mehr zu halten sein.

Ja, aber dann halten wir ihn halt nicht. Hier kann ich mit dem Wort von Papst Benedikt von der Entweltlichung schon einiges anfangen. Denn wenn uns das aus eigener Kraft nicht gelingt, dann wird uns von außen dazu geholfen. Aber das heißt nicht, dass die Kirche oder der Glaube dann untergehen muss. Vielleicht sind wir dann befreit, um uns wieder um das zu kümmern, was unser Eigentliches ist.

Manche sprechen bereits von einer Spätzeit des Christentums.

Vielleicht im Abendland, ja, in der westlichen Welt. Möglicherweise. Aber das kann auch ein Bischof oder eine ganze Bischofskonferenz nicht aufhalten. Viele der Aufbrüche in der Kirche sind von unten gekommen. Also von Menschen, die ergriffen waren. Meine Aufgabe ist dabei, Menschen mit in ihre Sendung hinein zu verhelfen und sie darin zu stärken. Ich glaube, das Christentum ist immer jung. Vielleicht erwacht irgendwo ein neuer Franziskus, und es entsteht eine neue Aufbruchsstimmung. Aber das kann man nicht inszenieren und nicht machen. Man kann demütig den Herrn bitten, dass er uns Erneuerung schenkt. Dafür bete ich jeden Tag.

Ursache für die Verluste der katholischen Kirche, so heißt es im Allgemeinen, sei die Verweigerung von Neuerungen. Es sei das »Festhalten an alten Dogmen«, so etwa die Mittelbayerische Zeitung, *die zu den Austrittswellen führe. Diese Analyse ist die Grundlage, um eine stärkere Anpassung an die moderne »Lebenswirklichkeit« zu fordern. Neuere Untersuchungen jedoch erschüttern diese Erklärungen von Grund auf.*

Eine Studie der Universität Münster vom März 2015 und andere wissenschaftliche Gutachten kommen zu einem eindeutigen Schluss: Die Gläubigen verlassen die Kirchen weniger aus kircheninternen Gründen, sondern schlicht deshalb, weil ihnen die Kirche gleichgültig geworden ist. Der Religionssoziologe Detlef Pollack sagt: Nicht der Ärger über Botschaften oder Stellungnahmen der Kirchen lasse in erster Linie das Interesse am Glauben schwinden, sondern dessen Bedeutungsverlust für das Alltagsleben und die Grundhaltungen der Menschen. Überraschen Sie solche Ergebnisse?

Nein, überhaupt nicht. Den Verlust an Relevanz gibt es seit Jahrzehnten, und der geht auch weiter. Das sind dann höchstens punktuell noch Anlässe, die den Trend verstärken können. Zumeist treten Menschen aus der Kirche aus, wenn sie eine lange Entfremdungsgeschichte hinter sich haben. Und ja, uns gelingt es vielleicht nicht besonders gut, mehr Menschen wirklich von innen her so zu berühren, dass sie bleiben. Wenn wir schon seit Jahren davon reden, dass wir von einer Volks- zur Entscheidungskirche übergehen, dann müssten unsere

Hauptamtlichen im Grunde weniger Menschen sein, die bestehende Strukturen bedienen können, sondern Entscheidungshelfer. Menschen, die geistliche Prozesse verstehen, erkennen, auch initiieren, vertiefen, begleiten oder anderen hineinhelfen können in eine persönliche Glaubensentscheidung. Wir brauchen echte Evangelisierer, die selbst aus einer tiefen Entschiedenheit leben, denen das Herz übergeht, wenn sie von Christus erzählen dürfen. Aber für die nötigen Antworten für heute, die in diese Richtung gehen, werden unsere Hauptberuflichen noch nicht ausgebildet. Wir haben wohl auch noch zu wenig Phantasie dafür oder auch zu wenig Erfahrung damit, herkömmliche Ausbildungswege zu verlassen und neue zu suchen.

Es gibt hier auch keinen Franziskus-Effekt, von dem so häufig die Rede war. Den rund 218 000 Austritten aus der katholischen Kirche stehen 2014 gerade mal 2300 Eintritte gegenüber. In der evangelischen Kirche ist die Situation noch weit dramatischer. Die bayerische evangelische Landeskirche zum Beispiel verzeichnete im ersten Halbjahr 2015 gar 56 Prozent mehr Austritte als im Jahr zuvor. In Württemberg betrug der Anstieg 57 Prozent. Insgesamt beläuft sich die Zahl der Abgänge 2014 auf etwa 270 000. Schon seit den 1960er Jahren verliert die evangelische Kirche in Deutschland konstant mehr Mitglieder als die katholische. Sie war einmal die größte Glaubensgemeinschaft in Deutschland, jetzt ist sie es nicht mehr. Dabei hat man hier all das getan, was »Reformer« vehement auch von der katholischen Kirche verlangen: Frauenordination, Abschaffung des Zölibats, Aufweichung in Fragen der Moral. Fällt damit das Argument, die Kirche müsse sich stärker dem Zeitgeist anpassen, um wieder nachgefragt zu werden, nicht auch in sich zusammen?

Es ist natürlich nicht so leicht zu unterscheiden: Was ist nur Zeitgeist, und was will uns der Geist durch die jeweilige Zeit neu sagen? Ich habe zum Beispiel wiederverheiratete Geschiedene getroffen, die seit Jahrzehnten in der Kirche engagiert sind und wirklich darunter leiden, dass sie nicht zur Kommunion gehen können. Und ich habe ehrlich mitgelitten! Aber ich bin dennoch davon überzeugt, dass die Kirche auch in diesem Punkt Wahrheit lehrt. Dennoch will ich nicht den Einzelfall mit dem bloßen Hinweis auf die Lehre einfach übergehen. Grundsätzlich gilt: Ja, das Evangelium ist sehr herausfordernd, auch in den Fragen von Familie und Sexualität. Wir neigen dazu, es weichzuspülen. Aber ein weichgespültes Evangelium hat keine Relevanz, am Ende braucht es niemand mehr.

Von den Katholiken gehen sonntags immerhin noch zehn Prozent der Mitglieder in die Messe, bei den Protestanten sind es weniger als drei Prozent. Zeigen sich Bindung zur Kirche und Gottesbezug womöglich da am stärksten, wo Glaube noch in den klassischen Formen erfahrbar wird?

Ja. Und mich interessiert auch die Frage: Wo wächst Kirche? Heutzutage, das können wir längst so beobachten, wächst sie überall dort, wo Menschen wieder auch die klassischen Formen entdecken, oder mehr noch: Jesus entdecken und diese Beziehung in den klassischen, aber auch in neuen Formen zum Ausdruck bringen; wo sie wieder zum Kern des Evangeliums finden können. Wo etwa auch das Thema Anbetung im Mittelpunkt steht.

Was heißt das konkret?

Ich erzähle Ihnen ein Beispiel. Ich habe neulich einen Vortrag gehalten, in dem es darum ging, Gott um Gottes willen lieben zu lernen. Danach kam ein Mann auf mich zu, der seit Jahrzehnten in der Kirche engagiert ist, und meinte: »Herr Bischof, jetzt muss ich Ihnen ehrlich sagen, ich habe in meiner Jugend gelernt: Gott liebt mich bedingungslos. Und das trägt mich bis heute. Und Sie kommen jetzt daher und sagen: Ich muss Gott bedingungslos lieben.« Ich fragte dann: »Aber was ist das erste Gebot in der Bibel? Du sollst den Herrn, deinen Gott, lieben, mit ganzer Seele, ganzer Kraft. Ihn um seiner selbst willen lieben heißt zum Beispiel, ihm Zeit schenken, weil er Er ist. Weil ich ihn kennen darf. Weil ich bei ihm sein darf. Einfach so. Und nicht, weil ich andauernd irgendwas von ihm will. Das ist keine Liebe.« Also der Mann, der seit Jahrzehnten in der Kirche unterwegs ist, kommt jetzt zum ersten Mal auf die Idee, dass es darum gehen könnte, auch Gott um Gottes willen zu lieben und ihn nicht immer nur »für sich« zu benutzen. Das ist erstaunlich. Was ist da alles versäumt worden an Verkündigung? Aber wo Gott um Gottes willen wieder entdeckt wird, auch in den entsprechenden Formen, in der Anbetung, da wächst Kirche plötzlich.

Andererseits sprechen wir ja tatsächlich von einem Gott der Liebe. Christen nennen ihn »Gott Vater« und sich selbst »Kinder Gottes«, die seine väterliche Fürsorge und Liebe empfangen dürfen, die unverbrüchlich und verzeihend ist. Gerade in diesem Jahr, das Papst Franziskus zum »Jahr der Barmherzigkeit« erklärt hat, werden wir daran erinnert.

Ja, das ist wirklich wunderbar. Papst Franziskus erinnert mit dem Evangelium immer wieder daran, dass Gott alles vergibt, dass er ein unfassbar barmherziger, zärtlich liebender Vater ist. Das Problem ist nur: In der Heiligen Schrift, im Glauben überhaupt, ist die Erfahrung der Barmherzigkeit Gottes ein dialogisches Geschehen. Sie will auch bei mir ankommen, sie will bejaht und angenommen werden. Sie will zur Umkehr führen, zur Erkenntnis meiner Hartherzigkeit, meiner Abkehr von Gott, das heißt: meiner Sünde. Sie will auch zu Gerichte führen, zur immer wieder erneuten Versöhnung mit dem Herrn. Wenn wir uns da nicht hineinnehmen lassen, besteht die Gefahr, dass die Rede von der Barmherzigkeit nur äußerlich bleibt.

Auffällig ist: Auch im europäischen Vergleich verliert die katholische Kirche überall weniger Mitglieder als etwa die anglikanische oder die protestantischen Kirchen. Auch weniger an Glaubensbindung. In Schweden, wo zwei Drittel der Bevölkerung nach wie vor Mitglied der evangelischen Kirche sind, bezeichnen sich nur noch 19 Prozent dieser Mitglieder überhaupt als religiös. Heißt das: Die Diskussion um Kirche und Reform, die wir hier seit Jahren führen, wird vielfach unter ganz falschen Vorzeichen geführt?

Ja, davon bin ich fest überzeugt. Wir diskutieren auf einer Ebene, auf der wir das, worum es im Kern geht, noch nicht einmal berühren.

Warum werden die Erkenntnisse der Religionsforschung über die wahren Hintergründe der Abwendung von den Kirchen in der öffentlichen Debatte so konsequent ignoriert?

Weil man ansonsten erklären müsste, dass die Probleme woanders liegen. Aber das verstehen ganz wenige Leute – und andere wollen es nicht verstehen. Ich denke, wir müssen zunächst einmal wieder in die Christus-Erfahrung hineinfinden und spüren, dass das unser Leben, unser Denken verändern kann, und dann fangen wir auch an, vieles neu zu verstehen. Stattdessen diskutieren wir zumeist nur die vordergründigen Dinge: Kriege ich das? Kriege ich das nicht? Ist das gerecht?

Ist das nicht gerecht? Aber zur Grundthematik, nämlich ob es möglich ist, Christus zu begegnen, ihn im eigenen Leben zu erfahren und sich von ihm in Anspruch nehmen und helfen zu lassen, da kommen wir kaum hin. Brauchen wir Gott? Wenn, dann oft bestenfalls den, den wir uns ausdenken, aber nicht den, der er ist, als der er sich im Evangelium offenbart!

3

Papst Franziskus hat zu Beginn seines Pontifikats dazu aufge-
rufen, den Erneuerungsprozess, den sein Vorgänger eingeleitet
hatte, radikal umzusetzen. Die Kirche müsse heraus aus ihren
komfortablen Behausungen. Sie müsse ihren Bürokratismus
überwinden und wieder missionarisch werden. Hat die katho-
lische Kirche in Deutschland überhaupt schon darauf reagiert?

Gute Frage! In der Verkündigung bestimmt. Hier greifen wir
gerne Papst Franziskus auf. Meines Erachtens manchmal
ohne wirklich zu spüren, wie radikal das oft ist. Aber manchmal auch, ohne auf das hinzuweisen, was die deutsche Kirche
bereits alles macht. Auch die Medien sagen dann immer zu
uns Bischöfen oder zu den Pfarrern: Raus und an die Ränder
der Gesellschaft! Aber – wie schon gesagt – die Kirche in
Deutschland ist hier längst im großen Maß engagiert, auch
wenn das nicht immer so wahrgenommen wird. Zum Beispiel
konnten wir im Bistum Passau vor kurzem vierzig Jahre Telefonseelsorge feiern. Rund um die Uhr kostenloser Service.
Jeder kann zu jeder Zeit anrufen und sich beraten lassen. Kirche an den Rändern. Oder Ehe-, Familien-, Lebensberatung –
kostenloser Service des Bistums. Man kann immer hingehen
und sich Rat holen. Frauenhaus, wo Frauen in Not hingehen
können – kostenloser Service des Bistums Passau. Alles Initiativen an den Rändern. Sicher erhalten wir hier zum Teil auch
öffentliche Zuschüsse. Aber gerade in den genannten Projek-
ten sind wir mit einem überaus hohen Eigenanteil engagiert,
und nicht zu vergessen: auch mit sehr vielen gut ausgebildeten
Ehrenamtlichen, ganz besonders in der Telefonseelsorge!

Der Papst fordert, bisherige Unbeweglichkeiten, Sicherheiten und Zufriedenheiten aufzugeben. Zeichen zu setzen, wie er sie auch selbst zum Ausdruck bringt. »Ich bin sicher«, meinten Sie einmal, »diesen Papst hat uns der Heilige Geist geschenkt.«

Ja, das glaube ich. Ich bin froh, dass er ein Ordensmann ist und bei bestimmten Dingen in der Kirche den Finger in die Wunde legt. Aber das übergeordnete Thema dieses Papstes ist ja eine Bekehrung hin zur Mission, zur missionarischen Pastoral. Das Problem von uns allen, auch meines, ist halt leider: Bekehrung kann man nicht verordnen. Man kann nicht einfach sagen: Jetzt machen wir alles anders. Bekehrung ist eine Sache, die im Herzen des Einzelnen passiert. Manchmal vielleicht auch gemeinschaftlich. Natürlich kann ich sagen, ich bin jetzt vielleicht sensibler für eine bestimmte Not. Aber auch diese Sensibilität kommt aus der Qualität meiner Gottesbeziehung.

Franziskus setzt wunderbare Akzente, aber ich glaube, der Veränderungsprozess der Kirche in Deutschland geht nicht einfach so, dass man sagt: So, jetzt lassen wir alles stehen und liegen und gehen auf die Straße raus. Wir haben gar nicht die Leute dafür. Wir haben hierfür auch nicht die Substanz des Glaubens, was wir schon besprochen haben.

In meiner Ordensgemeinschaft gab es bei jedem der sogenannten Provinzkapitel, alle drei Jahre, das Thema geistliche Erneuerung. Aber versuchen Sie mal, geistliche Erneuerung einer Ordensgemeinschaft zu verordnen. Das geht de facto nicht. Mit anderen Worten: In der Kirche fängt dann etwas Neues an, wenn jemand ergriffen ist vom Geist Jesu und einfach damit beginnt, ihn authentisch zu verkündigen. Dem Papst geht es um genau diese Authentizität. Er will deutlich machen: Kirche ist ohne missionarischen Eifer nicht Kirche und auch nicht ohne die Sorge um die Schwächsten und die Ärmsten.

Papst Franziskus hat einen Hang zu spontanen Einfällen und überraschenden Änderungen. Manche finden, er lasse zu viele Interpretationsmöglichkeiten offen.

Als Theologe bin ich natürlich jemand, der auch seinen Vorgänger, den Papa emeritus, sehr, sehr schätzt. Ich denke, Benedikt XVI. hat gewissermaßen den theologischen Unterbau geliefert für vieles, was sein Nachfolger jetzt auf den Weg bringen möchte. Manche Spontanität von Franziskus ist ein bisschen – wie soll ich sagen? – ungewohnt. Man denkt sich dann: Holla, das sagt jetzt ein Papst! Mir ist das persönlich sehr nahe, weil auch ich im unmittelbaren Gespräch mit den Leuten eine offene Lippe riskiere und auch mal Dinge ein wenig flapsig ausdrücke und vieles gerne auch mit Humor. Was ich wirklich liebe, ist, dass viele seiner Texte, seiner Predigten, aus zwei unterschiedlichen Quellen kommen. Das spürt man. Einmal aus einer tiefen betenden Meditation der Heiligen Schrift; und gleichzeitig aus einer tiefen Kenntnis der Seele des christlichen Volkes und der Menschen überhaupt.

Was kann man von Papst Franziskus lernen? Gerade auch aus seiner lateinamerikanischen Frömmigkeit und seiner fast evangelikalen Art der Verkündigung?

Ich würde sagen, die buchstäbliche, aber dennoch nicht starre Lesart der Heiligen Schrift. So, wie es dasteht, so nimmt er zunächst einmal den Text. Die Bibel ist nicht für Theologieprofessoren geschrieben, sondern für Menschen, die den Herrn suchen, die ihm im Glauben begegnen wollen. Und ihr Wort einfach mal zu nehmen und auf die Situation hin auszulegen, sehr spontan, aber auch nie ohne Tiefe, das ist oft sehr, sehr schön und sehr, sehr originell. Ich glaube nicht, dass man das so einfach lernen kann. Da muss man vor allem wirklich ein Herz haben für die Schrift, für den Herrn und für die

Menschen. Erst dann ergeben sich am Ende die Synthesen, die er zutage fördert. Es ist ja eigentlich unvorstellbar, dass er jeden Morgen predigt. Ich weiß nicht, wie oft frühere Päpste gepredigt haben. Das war dann jeweils ein Staatsereignis. Franziskus macht das täglich, aus dem Stand heraus, und diese Predigten gehen dann sofort in alle Welt hinaus.

Wovon in den deutschen Leitmedien allerdings so gut wie nie etwas zu erfahren ist. Einerseits wird Franziskus gefeiert wie ein Robin Hood in der Soutane – oder gerne auch als der »Kämpfer im Vatikan«, umgeben von lauter Wölfen, die ihm an die Gurgel möchten –, gleichzeitig lässt man von seinen ja zumeist sehr unbequemen Aussagen all das weg, was nicht ins vorgeformte Bild passt. Entsteht da die Gefahr, dass man den Papst aufbaut, um ihn dann umso donnernder fallen zu lassen? Mit dem Fazit: »Wir haben es immer schon gesagt: Die Reaktionäre in der Kirche sind einfach zu mächtig. Gegenüber diesem Verein kann man nur eines machen: ihn verlassen.«

Es kann sein, dass so ein Effekt eintritt. Das erlebe ich im Kleinen ja auch auf meine eigene Person bezogen. Je nachdem, in welcher Schublade jemand einsortiert ist, wird das, was er sagt oder tut, selektiv wahrgenommen. Ich lese in den Medien beispielsweise, Papst Franziskus ist nicht so moralisch wie Papst Benedikt. Aber in ganz vielen Dingen predigt Franziskus viel moralischer und herausfordernder. Diese moralisierende Art wird gar nicht wahrgenommen. Oder: Er predigt ganz oft vom Teufel. Das wird auch nicht wahrgenommen. Aber wo immer es auch nur zaghaft in Richtung einer Öffnung der Lieblingsreformthemen der Medienlandschaft geht, wird es groß herausgestellt, wobei häufig noch Entscheidendes weggelassen wird.

Womöglich ist Franziskus der erste Pontifex, der medial ganz nach dem modernen Idealbild eines Papstes geformt wird, auch wenn das dem widerspricht, was er wirklich darstellt und wirklich will. Wir sind selbst beide Journalisten. Wir wissen, wie es gemacht wird und gemacht werden kann.

Ich möchte jetzt allerdings auch kein Pauschalurteil über die Medien fällen. Das liegt mir fern, weil ich auch viele gute Journalisten kenne, die ethische Grundsätze hochhalten. Aber manipulative Tendenzen gibt es eben auch.

Benedikt XVI. war ein eher introvertierter Papst, der das Amt in den Vordergrund stellte. Beim extrovertierten Franziskus ist das Amt an die Vitalität und den Charakter des Amtsträgers gebunden. Sehen Sie grundsätzliche Unterschiede zwischen den beiden, wie das häufig kolportiert wird?

In der Art und Weise, wie sie agieren, gibt es sicherlich Unterschiede. Aber ich bin zutiefst davon überzeugt, dass sie beide ganz aus dem Glauben der Kirche leben und handeln. Es gibt eine tiefe, weise Kontinuität zwischen den beiden. Ob Franziskus auch Dinge tut, die der Vorgänger nicht getan hätte, etwa im Blick auf die Themen Familie, Ehe und Sexualität, wird man noch sehen.

Auch Benedikt XVI. hat Dinge getan, die sein Vorgänger nicht getan hätte. Nehmen wir nur den historischen Akt des Rücktritts. In der Frage der wiederverheirateten Geschiedenen greift Franziskus Vorschläge auf, die von Benedikt in die Debatte eingebracht wurden. Auch in Sachen Entweltlichung folgt er der Linie Benedikts XVI., wobei er radikaler formuliert.

Die Ökologie-Enzyklika Franziskus' »Laudato« si' ist ein weiteres Beispiel und ebenfalls mit einem entschiedenen moralischen Appell verbunden. Sie zeigt die unterschiedlichen, furchtbaren Gefährdungen, denen die Menschheit gegenübersteht. Die Theologie tritt hier eher in den Hintergrund. Er geht im übertragenen Sinne auch lehrmäßig an die Ränder hinaus. Der Papst will die Welt aufrütteln und sie gleichzeitig mit in die Kirche hineinnehmen. Auch hier setzt sich fort, was Benedikt XVI. mit seiner Sozialenzyklika »Caritas in veritate«, aber auch mit seiner großen Rede im Deutschen Bundestag, als er den Begriff von der »Ökologie des Menschen« prägte, eingeleitet hat.

Als der »grüne Papst«, wie es damals hieß. Es gibt in anderen Bereichen, etwa in der Haltung zur Liturgie, aber zumindest methodische Gegensätze zwischen den beiden. Eine Umfrage, mit der Franziskus die Vorstellungen der Gläubigen über die Kirche nachfragen wollte, hätte Benedikt als äußerst fragwürdig empfunden.

Meinen Sie die erste oder die zweite Umfrage?

Beide. Bei der zweiten kamen beispielsweise in Köln, einem Bistum mit über zwei Millionen Katholiken, weniger als 200 Fragebögen zur Auswertung. Dennoch wurde der Umfrage ein repräsentativer Charakter zugeschrieben.

Gut, bei der zweiten Umfrage war die Luft schon raus. Ich habe auch nicht verstanden, warum man da so einen komplexen Text rausgibt und beantworten lässt. Das war auch bei der Bischofssynode zur Familie im Herbst 2015 kein unproblematischer Aspekt, dass ein riesiger Aufwand getrieben wird, ein zweijähriger Prozess, mit immer neuen Texten, und am Ende kommt ein Papier raus, wo drinsteht, dass die Kirche die Familie ganz wichtig findet und dass man mit den Menschen reden soll. Klar, es gab hier noch viele andere Aspekte, aber keinen, der uns irgendwie überrascht oder herausgefordert hätte Hier wurden bei vielen Menschen, die hier beigetragen haben, Hoffnungen geweckt, die dann enttäuscht werden mussten. Es ist schon auch zu prüfen, ob das alles immer auch wirklich so professionell gestaltet wird. Aber ich bin sehr dafür – und pflege das auch in meinem Bistum –, dass über die Dinge offen gesprochen wird und dass nicht der Bischof immer alles schon fertig weiß, bevor man überhaupt angefangen hat zu reden.

Der Begriff »papsttreu« hat mit Bergoglio eine ganz andere Bedeutung bekommen. Er wird jetzt eher positiv und progressiv verstanden. Die Frage ist, ob Papst Franziskus das, was er aufwirbelt, wieder in eine feste Bahn bringen kann. Oder ob nicht, wie es zum Teil nach dem Zweiten Vatikanum passierte, der Eindruck entsteht, nun seien selbst die Grundzüge des Katholizismus in Frage gestellt und neu verhandelbar.

Ich glaube nicht, dass es de facto so ist. Auch diese Vorstellung ist stark von der medialen Berichterstattung geprägt, die sich bestimmte Dinge wünscht und dann meint, Franziskus stelle das alles in Frage.

Sie haben den Papst beim Treffen mit der deutschen Bischofskonferenz, das im Rahmen des sogenannten Ad-limina-Besuches im November 2015 in Rom stattfand, aus nächster Nähe erlebt. Wie war Ihr Eindruck?

Mein Eindruck ist differenziert: Ich habe den Papst als sehr brüderlich, sehr offen und interessiert, auch sehr spontan wahrgenommen. Das Gespräch wurde in Gruppen mit etwa 20 Bischöfen geführt. Dass es da nicht allzu tief oder intensiv wird, wird nicht verwundern, weil die Aspekte, die einzelne Bischöfe einbringen, so vielfältig sind. Sehr interessant war die Rede, die er uns zum Abschluss mitgegeben hat. Er hat sie aus Zeitdruck nicht halten können. Aber ich habe mich da in sehr vielen Punkten wiedergefunden: Die Feststellung der Glaubenserosion, der Hinweis auf die Gefahr der Verweltlichung, auf die Überbetonung der Strukturen, der Hinweis auf den Rückgang bei Eucharistie und Beichte, die Sorge um die Priesterberufungen, die Notwendigkeit der neuen Evangelisierung und vieles mehr.

Der Papst forderte bei dieser Ansprache an die deutschen Bischöfe auch, alle Einrichtungen der Kirche müssten »katholisches Profil« haben. Bei einer »pastoralen Neuausrichtung« sollte es darum gehen, die »ursprüngliche Frische des Evangeliums wiederzugewinnen«. Beginnt mit Franziskus ein neuer Aufbruch in der Kirche? Was kann alles passieren?

Auch da wieder: Der Aufbruch beginnt mit Menschen, die sich vom Heiligen Geist in die Verfügung nehmen lassen, und ich glaube, das tut Franziskus. Aber ob jetzt ein Papst, der auch nicht mehr so jung ist und dem ein paar Jahre im Amt verbleiben, gewissermaßen genügt, um der Kirche wirklich aufs Ganze ein neues, missionarisches Gesicht zu geben, spirituellen Aufbruch zu geben, das weiß ich nicht. Ich hoffe es sehr. Ich glaube, wir brauchen einfach einige heilige Männer und Frauen, die aus der Kirche kommen, die ergriffen sind, die anfangen, den Glauben zu leben. Es gibt punktuell solche Aufbrüche bereits. Die daran Beteiligten freuen sich über Franziskus, und Franziskus umgekehrt freut sich über sie. Ja, und vielleicht, hoffentlich, stimuliert er auch viele solcher Initiativen. Aber ein einziger Mann an der Spitze kann nicht alleine die ganze Kirche bekehren.

Anders gefragt: Könnte man sich vorstellen, dass wir am Beginn einer Kirche stehen, die sich von ihrer bisherigen Form radikal unterscheidet?

Wenn wir jetzt auf die deutsche Kirche und ihre Strukturen blicken, die über die Jahrhunderte gewachsen sind, dann glaube ich schon, dass so ein Prozess beginnt. Wir sind alleine schon durch äußere Umstände dazu gezwungen, einen dramatischen Transformationsprozess zu unternehmen. Das wird uns gewissermaßen aufgenötigt. Die Frage ist, wie stark können wir diesen Prozess gestaltend begleiten und uns darin auch vom Heiligen Geist führen lassen? Wie gut erkennen wir, welche Chance, welche Kraft darin liegen kann? Oder ob wir lediglich dazu bereit sind, nur irgendwie den Niedergang zu verwalten. Ich glaube, gerade auch in Franziskus' Schreiben *Evangelii gaudium* liegen Impulse, die uns helfen können – schon von der Mentalität und vom Denken des Papstes her –, neue Akzente zu setzen und neue Wege zu finden, die Kirche in die Zukunft zu führen. Und zwar unter ganz veränderten Gesichtspunkten.

4

Die Kirche mag ramponiert sein, für den, der ihre Schätze und Geheimnisse kennt, ist sie das Schönste vom Schönen, ein Vertrauter, eine Geliebte, etwas Heiliges. Sie ist der Maßstab, der gültig bleibt. Andererseits: Auch Kirche braucht den Wandel. Nicht alles, was überliefert ist, muss unveränderliches Dogma sein. Manche Gepflogenheiten sind nur innerhalb einer bestimmten Epoche gültig. So waren zum Beispiel Mischehen oder Feuerbestattungen nach katholischen Gesetzen verboten, heute sind sie es nicht mehr. Wie gelingt es, sowohl den Erfordernissen der Zeit zu entsprechen und gleichwohl nichts vom Tafelsilber preiszugeben?

Ich glaube, die Protagonisten solchen Wandels sind immer heilige Männer und Frauen, die das Evangelium inkarniert leben. Wenn sie das tun, sind sie auch Liebende. Sie stehen mitten in ihrer Zeit, in der Kultur der Zeit und lieben die Menschen ihrer Zeit. Zum Beispiel mein Ordensvater, Don Bosco. Als zutiefst treuer Sohn der Kirche, aber gleichzeitig eng verbunden mit der Kultur und Lebenswelt des 19. Jahrhunderts in Italien, zeigte er, wie eine ganz neue Gestalt von Priester aussehen kann. Da gelingt plötzlich eine Transformation. Die Art, wie er mit jungen Leuten umgegangen ist, war so, dass manche seiner Kleriker-Kollegen ihn ins Irrenhaus bringen wollten. Da sind Zöpfe abgefallen. Auch von dem, was man bis dahin die Würde des Priestertums nannte.

Konkret?

Wenn er sich beispielsweise die Ärmel aufkrempelt und mit den Jungen anpackt, selbst mörtelt und baut und Ball spielt und rauft und Kunststücke macht und so. Das war der Würde des Priesters nach den damaligen Vorstellungen nicht angemessen. Und gleichzeitig ist da ein tieffrommer Mann, dem es gelingt, die jungen Leute ins Gebet, zur Verehrung der Muttergottes, des Allerheiligsten zu führen. Oder schauen Sie Theresa von Avila an. Der Aufbruch einer Frau in der Kirche, die plötzlich den Mund aufmacht und anfängt, herumzureisen und Klöster zu gründen. Aber die zutiefst auch eine Frau der Kirche ist, mit dem Herrn Jesus verbunden. Da verändert sich ganz viel …

Heißt das zuzuwarten, bis plötzlich von irgendwoher heilige Gestalten auftauchen?

Nein, man muss selbst eine werden. Das ist ja unsere Berufung. Der Herr lädt uns ja ein dazu …

Aber nicht in jedem steckt ein Bruder Konrad, ein Karol Wojtyla, eine Bernadette von Lourdes oder eine Edith Stein.

Aber es ist doch nicht so, dass Sie nicht auch im Kleinen einerseits ein treuer Sohn der Kirche sein können – und andererseits in Ihrer jeweiligen Umgebung die Antwort geben können, die erforderlich ist. Das wird Sie dann zu einer Gestalt formen, an der man ablesen kann: Der steht ganz im Jetzt und im Heute – und ist gleichzeitig ein Mann, der ganz in der Überlieferung und im Glauben steht.

Es gibt das berühmte Wort von Mutter Teresa. Ein Journalist fragte sie: »Mutter Teresa, was muss sich an der Kirche ändern?« Und die Antwort war …

»Sie und ich.« Und das gilt für jeden. Für jeden Bischof, für jeden Pfarrer, jeden Laien.

Aber ist die Aufgabe nicht auch, als Christ die Entwicklungen unserer Zeit mitzudenken und dem Glauben einen adäquaten Ausdruck zu geben? Etwa auch dem vielfach so angegrauten Look von Kirche, wie er zum Beispiel in der neuen und buchstäblich grauen Lob-Gottes-Ausgabe zum Ausdruck kommt?

Aber wissen Sie, ich glaube nicht, dass das von großen Konzepten und Masterplänen ausgeht. Das Bild des Evangeliums für Wachstum und Erneuerung ist das Senfkorn, das kleinste Korn von allen. »Erbaue meine Kirche neu« wurde einem Franz von Assisi in der Vision aufgetragen. Und es war am Ende sein Feuer, sein Charisma, dass wirklich die Leute gekommen sind und mit ihm zusammen Kirche gebaut haben. Und auf einmal hatte die Kirche ein neues Gesicht. Oder schauen Sie sich die eben zitierte Mutter Teresa an, die den Auftrag verspürt, aus ihrer Beziehung zum Herrn heraus in Indien die Sterbenden von der Straße wegzuholen und sie zu lieben und zu versorgen. Später wird sie in Indien zur Frau des Jahrhunderts gewählt.

War sie jetzt reformerisch? War sie katholisch? Die war oberkatholisch! Plötzlich geht die da mit dem Sari umeinander und liebt jeden, egal, ob er Hindu ist oder Moslem oder Katholik. Auch sie hat der Kirche ein neues Gesicht gegeben. Aber wo fing sie an? Im Kleinen. Als Senfkorn. Ich kann mich nicht an den Schreibtisch hocken und überlegen: Wie schaut die Kirche in hundert Jahren aus? Es geht um das Hier und Heute: Sie und ich, jeder von uns hat eine Aufgabe, die nur Sie und ich wahrnehmen können.

Es gibt durchaus treffende Visionen von der Kirche der Zukunft, die aus Analyse, Erfahrung und prophetischem Denken

*stammen. Joseph Ratzinger beispielsweise, wir werden das
später noch sehen, spricht schon sehr früh von einer Kirche, die
klein werden würde, der dann aber neue Heilskräfte zuwüch-
sen. Und es gibt Eingriffe, die unverzichtbar sind, um Miss-
ständen abzuhelfen. Jesus reinigte den Tempel von Geschäfte-
machern und Unrat, der sich im Laufe der Zeit Zug um Zug
fast unbemerkt eingeschlichen hatte und irgendwann als nor-
mal empfunden wurde. Und er macht das nicht mit frommen
Sprüchen, sondern mit einer Geißel, und vielleicht sogar mit
Kinnhaken.*

Ja, stimmt schon, da an diesem zentralen Ort macht er das.
Das kann man nicht verleugnen. Und trotzdem wächst Kirche – davon bin ich fest überzeugt – nicht von der Veränderung der Strukturen her, sondern von Heiligkeit her, die dann
von innen heraus auch die Strukturen erneuert. Heute hat
Don Bosco 16 000 Salesianer in 130 Ländern der Welt. Und
14 000 Don-Bosco-Schwestern in 1455 Häusern in 92 Ländern auf allen fünf Kontinenten. Alleine der Bruderorden betreut aktuell weltweit etwa 15 Millionen Kinder und Jugendliche. Und wie hat es angefangen? Don Bosco war als gerade
frisch geweihter Priester Aushilfe in einer Pfarrkirche. In der
Sakristei steht ein zerlumpter Jugendlicher herum, ein Mau-
rerlehrling, und wärmt sich. Der Mesner sagt: »Kannst du mi-
nistrieren?« – »Nein.« Und dann jagt er ihn mit dem Besen
davon. Don Bosco jedoch befiehlt ihm: »Hol den sofort zurück, das ist mein Freund.« Er kannte ihn nicht. Und dann
sagt er: »Jetzt bleib mal da.« Er hat die Messe gefeiert, danach
fragt er ihn: »Wo ist dein Vater?« – »Der ist schon tot.« – »Wo
ist deine Mutter?« – »Die ist schon tot.« – »Hast du hier Un-
terkunft?« – »Nee, habe ich nicht.« – »Kannst du lesen?« –
»Nee.« – »Kannst du schreiben?« – »Nee.« Und Don Bosco
merkt, wie der Junge in sich zusammensackt, weil er nichts
kann und nichts hat, bis er sagt: »Kannst du pfeifen?« Und

pfeifen konnte er wie noch mal was! Und dann hat er ihm etwas vorgepfiffen. Don Bosco hatte den richtigen Punkt berührt und fragt nun: »Soll ich dir was beibringen? Soll ich dir Lesen und Schreiben lernen?« – »Ja.« – »Und morgen bringst du deine Freunde mit.«

Im Kleinen geht das los. Don Bosco erzählte von dieser Begegnung sinngemäß: »Und dann haben wir uns noch niedergekniet, es war der 8. Dezember, ich habe mit ihm ein Ave-Maria gebetet – und alles, was nachher gewachsen ist, ist aus diesem Ave-Maria erwachsen.« So geht es los in der Kirche, glaube ich. Das ist das Senfkornprinzip.

Wir werden das Thema Erneuerung später noch vertiefen. Zurück zur Situation in Deutschland. Die großen Flüchtlingsströme werden dieses Land und unsere Gesellschaft verändern. Teil dieser Veränderung ist das Anwachsen muslimischer Gemeinden mit weit über vier Millionen Mitgliedern und Hunderten von Moscheen und Bethäusern. Ist der Islam in Deutschland nicht längst eine Realität, die zu leugnen unsinnig wäre?

Ja, ohne Frage. Und das wird durch die Flüchtlingsströme noch stärker werden. Ich tue mich nicht so ganz leicht, von *dem* Islam zu reden: Was ist der Islam? Ich spreche lieber von einzelnen Moslems und mit einzelnen Moslems als von *dem* Islam, weil das für mich eine Größe ist, die ich schlecht greifen kann.

Der Islam ist seit Jahrhunderten nicht nur fester Bestandteil Europas, in einigen südosteuropäischen Ländern bilden Muslime auch die Mehrheitsgesellschaft. Islamische Kultur war der westlichen, christlichen Kultur in vielen Belangen bis ins 13. Jahrhundert hinein überlegen. In Medizin. In Algebra. In Astronomie. Wir rechnen noch heute mit arabischen Ziffern.

Das eine ist der Respekt voreinander, das andere ist: Können Christen heute auch von Muslimen lernen?

Ich denke, dass es eigentlich nichts gibt, von dem man gar nichts lernen kann. Aber mich beschäftigt schon auch die Tatsache, dass es im Grunde kaum ein Land mit islamischer Mehrheit gibt, in dem andere Religionsgemeinschaften nicht unterdrückt und verfolgt werden. Die Religionsfreiheit verdankt sich dem Christentum, auch wenn ihm das irgendwie auch abgerungen werden musste. Aber je tiefer wir das Thema Personsein, das vom Christentum kommt, und die Würde der Person verstehen, desto mehr verstehen wir, dass die Freiheit der Person untrennbar verbunden ist mit der Wahl der persönlichen religiösen Überzeugung. Hier frage ich mich, was wir vom Islam lernen sollen. Wir können vielleicht soziale Formen von Verantwortlichkeit, von Gesellschaftlichkeit, von familiärem Leben wieder neu entdecken …

Oder beispielsweise auch die Ehrfurcht vor Gott?

Die Ehrfurcht vor Gott. Das wird immer wieder mal rausgestellt. Unser Gott ist uns in Christus so nahe gekommen, dass wir in der Tat auch leicht dazu neigen, die radikale Andersheit Gottes, seine radikale Majestät und die Ehrfurcht vor ihm zu vergessen. Jesus hat sich kreuzigen lassen. Das heißt, er hat sich uns auch in die Verfügung gegeben. Aber dass das aus reiner Liebe geschah, ist absolut unvergleichlich zu jedem anderen Gottesbild.

Die islamische Welt hält den Erdball in Atem wie noch nie. Dass der Terror islamistischer Fanatiker nicht auf die Muslime in ihrer Gesamtheit übertragen werden darf, versteht sich von selbst. Dennoch wird nach den unzähligen islamistisch moti-

vierten Anschlägen diskutiert, ob es einen Zusammenhang gibt zwischen Aussagen Mohammeds zur Gewalt und der Gewalt der Dschihadisten. Benedikt XVI. hat in seiner berühmten Regensburger Rede das Thema indirekt angesprochen und mit dem Verweis auf Glaube und Vernunft eine Reinigung der Religion als Grundlage für ihr positives Wirken in einer humanen Gesellschaft angemahnt. Muss man über Gewalt im Koran auch theologisch breiter diskutieren?

Ja, natürlich. Unsere Überzeugung ist: Es gibt keine Alternative zum Dialog mit dem Islam. Und dabei muss diese Frage, die Sie ansprechen, eine wichtige Rolle spielen. Aber eine große Schwierigkeit im interreligiösen Dialog ist: Wer sind eigentlich unsere Ansprechpartner innerhalb der nicht wenigen islamischen Strömungen und Gruppierungen. Und wenn wir sie finden: Wollen sie selbst auch ernsthaft diesen Dialog? Ist das Konzept vom aufgeklärten, offenen und ehrlichen Dialog der Religionen nicht selbst schon wieder etwas, was auf dem Boden des Christentums erwachsen und daher womöglich anderen Religionen eher fremd ist?

Sie haben in einem Brief an alle Gläubigen in Ihrem Bistum dazu aufgefordert, die Türen für die Flüchtlinge aus dem Nahen Osten und anderswo zu öffnen. Die meisten Auslegungen des Korans und damit auch viele Muslime haben eine andere Vorstellung von Recht, von Gleichheit oder auch von der Stellung von Mann und Frau in der Gesellschaft, die Integration schwierig machen. Wie kann man verhindern, dass daraus in unserer Gesellschaft Fremdenhass, unüberbrückbare Konflikte oder gar soziale Unruhen entstehen?

Die Frage stellt sich uns allen. Die Realität des Islam kann uns aber auch zu selbstkritischen Fragen bewegen. Wir sind ein Volk, das unfruchtbar wird, mit der weltweit geringsten Geburten- und konstant hoher Abtreibungsrate. Wir sind ein Volk, in dem massenhaft Familien auseinanderbrechen. Ein Volk mit einem rapiden Anstieg psychischer Krankheiten, schon bei Kindern. Und jetzt kommen breite Flüchtlingsströme mit Menschen, die uns fragen: Was glaubt denn eigentlich ihr? Wo ist euer Gott? Wie lebt ihr eigentlich? Wo sind eure Kinder? Wo ist euer familiärer Zusammenhalt? Warum habt ihr den ganzen Besitz für euch alleine? Ich denke, es ist nicht verkehrt, zu überlegen, ob es nicht auch sein kann, dass Gott uns von außen diese Fragen neu stellt. Gerade auch die Frage nach unserer religiösen Identität. Und wenn wir uns da herausfordern lassen, dann ist das gut. Wenn wir das wieder besser wissen, dann wird auch Angst vermindert; dann entsteht friedlicher Austausch und nicht Fremdenfeindlichkeit oder gar Fremdenhass, was sich für eine christliche Identität absolut ausschließt.

Das Problem ist: Wer heute in einer x-beliebigen Fußgängerzone Christen danach fragt, was die Identität ihres Glaubens ausmacht, wird in 90 von 100 Fällen wohl eher auf ein Stottern und Kopfschütteln stoßen. Viele wissen es nicht mehr.

Unser Glaube hat immer diese beiden Seiten: den Akt des *Fides qua* und den Akt des *Fides quae*. Das heißt erstens: *Ich weiß etwas und glaube etwas.* Und kann das auch vernunftgemäß in klaren Sätzen zum Ausdruck bringen. Und zweitens: *Ich glaube jemandem.* Wenn ich beispielsweise sage: »Ich vertraue Ihnen«, dann muss ich Sie erst einmal kennenlernen. Der Akt des Vertrauens setzt also den Akt des Kennens voraus und vertieft ihn dann wieder. Christliche Identität wächst also durch Erfahrung und durch Wissen, nicht zuletzt durch den Heiligen Geist. Aber wie geht das, dass Menschen wieder ihre gläubige Identität finden? Meine Antwort ist, aber darüber können wir später noch reden: Wir müssen Erfahrungsräume eröffnen, in denen Menschen etwas erfahren und eine geistige Auseinandersetzung mit dem Glauben führen können, um wieder zu verstehen, was und vor allem wem wir da eigentlich glauben.

Ist denn Dialog zwischen so unterschiedlichen Religionen wie Christentum und Islam überhaupt möglich?

Eine wichtige Frage. Aber sie setzt voraus, dass Dialog, wie schon gesagt, der einzige Weg ist. Wir haben keinen anderen. Ich glaube, wir müssen einfach miteinander reden und uns gegenseitig kennenlernen, weil sonst die Angst vor dem Fremden, vor dem anderen, überhandnimmt und man irgendwo in gefährliche Phantasien abgleitet. Ob Dialog automatisch dazu führt, dass wir in unserer jeweiligen Glaubensüberzeugung Formen von Übereinstimmung finden, da bin ich eher skeptisch. Wichtig ist, einander nahezukommen, und wenn dann Christen sagen: Ich diene dir auch einfach nur, weil du ein Geschöpf des Gottes bist, an den ich glaube, und deswegen kann ich dir auch die Füße waschen …

Haben wir überhaupt denselben Gott?

Zunächst glauben alle drei abrahamitischen Religionen an den einen Gott, den einzigen. Aber wenn Sie dann weiterfragen, wie unser Gottesverständnis genauer aussieht oder besser geoffenbart worden ist, dann gibt es sehr deutliche Unterschiede. Wir Christen glauben, dass der eine Gott Vater ist und dass Jesus und der Heilige Geist zugleich vollständig in dieses Gottesgeheimnis hineingehören und aus dem Vater hervorgehen. Wir sagen daher: ein Gott in drei Personen. Das heißt, bei genauerer Hinsicht sehen wir plötzlich große Verschiedenheit in unserem jeweiligen Gottesverständnis.

Was ein gläubiger Muslim oder auch ein Jude bezweifeln dürfte.

Ja. Ich kann ihm dann die Dinge erklären. Aber letztlich kann ich das eigentlich nur durch mein Zeugnis deutlich machen.

Auch das Staat-Kirche-Verhältnis steht vor großen Herausforderungen. Das Religionsrecht muss sich in einer Gesellschaft bewähren, in der die Christen langfristig nicht mehr die Mehrheit sind. Was bedeutet das?

Dass das Staat-Kirche-Verhältnis in dem Maße, in dem die Entkonfessionalisierung voranschreitet, immer prekärer wird, zeichnet sich ab. Vielleicht wird die Kirchensteuer in Frage gestellt, genauso wie bestimmte Refinanzierungsmethoden. Noch ist der Staat der Überzeugung, dass viele soziale Dienste – Schulen, Altenheime, Krankenhäuser –, die die Kirchen in seinem Auftrag tun, weniger teuer kommen, als wenn er sie selbst finanzieren müsste. Man weiß auch: Die Kirchen machen das gut. Da sind engagierte Leute, da ist ein gutes Vertrauensverhältnis. Aber das muss nicht so bleiben – und es wird auch hie und da bereits hinterfragt.

Gleiches Recht für alle – bedeutet das dann nicht auch die Einführung muslimischer Feiertage?

Ich denke, das ist schon auch eine Frage der Mehrheitsverhältnisse.

Die sprechen an immer mehr Schulen in den Metropolen längst zugunsten der Muslime.

Die Schwierigkeit ist wieder: Wer vertritt die Muslime überhaupt? Mit wem sprechen wir? Bei uns Katholiken ist das re-

lativ einfach. Wir haben Bischöfe, wir haben eine Bischofskonferenz, wir haben einen Vorsitzenden. Das sind zunächst
die unbestrittenen Repräsentanten. Dann natürlich auch die
Vertreter unserer Laiengremien. Aber mit wem reden wir von
den Moslems? Mit den Sunniten? Mit den Schiiten? Mit den
Aleviten? Diese Gemeinschaften sind jeweils ja auch keine
Kirchen in dem Sinn, wie wir Kirche verstehen.

*Das kann sich möglicherweise klären. Die christlichen Kirchen
sind ja ebenfalls keine Einheit. Nochmals: Gesetzliche musli-
mische Feiertage – ja oder nein?*

Vorerst nicht. Aber ich bin kein Politiker. Wir sind eine Demokratie. Und wenn die Mehrheit des Volkes das will, werden sich die Politiker danach richten müssen.

*Wir sprachen in diesem Kapitel über die Krise des Glaubens.
Noch zehre die Gesellschaft von der vorpolitischen Grundlage
der freiheitlichen Demokratie, die im Christentum liegt,
warnte Benedikt XVI., aber dieser Vorrat könne auch einmal
aufgebraucht sein. Sollte die Kirche den Menschen nicht weit
deutlicher sagen, wohin wir gehen, wenn wir diesen Weg weitergehen?*

Sie meinen, wenn wir so weitermachen, gehen wir in den Abgrund?

*Papst Franziskus sagt es so: »Der Mensch will wie Gott sein
und verwüstet die Schöpfung. Das ist es, was wir tun, die
Schöpfung verwüsten, das Leben verwüsten, die Kulturen
verwüsten, die Werte verwüsten, die Hoffnung verwüsten.«
Es sei die alles entscheidende Frage der Gegenwart, so Benedikt XVI., ob Gott lebendig bleibt oder nicht.*

Ja, ich würde dem zustimmen. Vielleicht habe ich nicht den Mut dazu, es so deutlich auszusprechen, oder vielleicht sehe ich es selbst noch nicht in dieser Dramatik. Aber zweifellos geht eine Welt ohne Gott schneller auf die Katastrophe zu, die in den Evangelien geschildert ist. Und in dem Maß umgekehrt, in dem sie anfängt, den Gott des Evangeliums hineinzulassen, in dem Maß erneuert sich Zivilisation. Davon bin ich zutiefst überzeugt.

Es gibt einen Zusammenhang zwischen Glaube und Gesellschaft, Glaube und Recht, Glaube und Kultur, sogar zwischen Glaube und Landschaft. Hat so gesehen die Gottesfrage nicht auch eine enorme gesellschaftliche Relevanz?

Aber ja. Wir leben in einem ursprünglich christlichen Land. Wir leben als Nation. Und wenn es für den Einzelnen um die Möglichkeit geht verlorenzugehen, dann gibt es so eine Dimension auch für eine Gesellschaft, für eine Nation. Die Frage, die Gott an uns richtet, ist: Schaut euch doch mal ehrlich an, was ist eure Verfassung? Aus welcher gläubigen Identität lebt dieses Volk in seiner freiheitlichen Verfassung?

Die Kirche hat einen revolutionären Ursprung. Sie ist vom Prinzip her widerständig. Sie fordert heraus. Sie regt an. Weit über tausend Jahre lang hat das Christentum aus der Kraft des Evangeliums heraus Kultur geformt. Müsste man nicht sagen, dieses Christentum ist in einer durcheinandergewirbelten Welt als eine Religion der Liebe, der Freiheit und der Versöhnung heute notwendiger denn je?

Mehr denn je!

Über die Zukunft sagt Victor Hugo: »Für die Schwachen ist sie das Unerreichbare. Für die Furchtsamen ist sie das Unbekann-

te. Für die Tapferen ist sie die Chance.« Ist die Krise für die Kirche womöglich die Chance, wieder Identität und Aufgabe zu finden?

Die Frage ist, kann sich die Kirche von dem, was da an festgefahrenen, gewachsenen Strukturmomenten vorhanden ist, lösen? Ich denke, das wäre in der Tat die Chance. Und vielleicht kommt eine Entweltlichung durch den Druck von außen, wenn wir von uns selbst her das nicht mehr können.

||| AUFBRUCH ODER KAPITULATION

Reform, aber richtig

1

Herr Bischof, Papst Johannes Paul II. warnte davor, das gesellschaftliche Leben von der religiösen Dimension zu entleeren. Denn ein Christentum, das nur noch im privaten Raum ausgeübt werden darf, mag noch zur Verbesserung der Manieren beitragen, es könne aber einer Barbarisierung der Gesellschaft keinen Widerstand mehr leisten. Aber ist christlicher Glaube in den Augen der säkularisierten Welt nicht ohnehin längst ein Anachronismus geworden?

Es kommt auf den Blickwinkel an. Je nach Perspektive werden Christen, insbesondere Katholiken, zunehmend als komische Sonderlinge betrachtet, die einem Kult frönen, von dem man nicht mehr weiß, worum es da überhaupt geht. Bei vielen Leuten gelten wir inzwischen in der Tat als seltsame Vögel.

Um ein Bild zu geben: Früher blickten bei einer Fronleichnamsprozession die Teilnehmer auf die wenigen Leute am Rande, die nur zusahen. Heute bestaunen die vielen Leute am Rand jenes verbliebene Häuflein, das noch hinter dem Allerheiligsten einhergeht.

In Passau ist es noch nicht ganz so. So hat zum Beispiel die neu gewählte Präsidentin der Universität, eine evangelische Christin, kürzlich betont, dass sie auf der Fronleichnamsprozession mit Amtskette mitgehen wolle, weil sie die Verbindung Kirche und Universität wichtig finde.

Aber selbst im katholischen Niederbayern fand in einer klei-
nen Gemeinde der Vorschlag, die Kita am Ort »Kinderhort St.
Josef« zu nennen, keine Mehrheit mehr. Der Name sei nicht
mehr zeitgemäß, befand der Gemeinderat.

Ja, es ist ein Entfremdungsprozess, der sich insbesondere bei
jungen Menschen bemerkbar macht, selbst wenn sie in äußerlich immer noch katholisch geprägten Gegenden aufgewachsen sind. Bei einer Diskussionsveranstaltung mit Abiturienten
in einem Gymnasium auf dem Land meinte eine Schülerin
mir gegenüber, es sei für sie beleidigend, hier zusammen mit
dem Bischof sitzen zu müssen, wo man doch wisse, wie die
Kirche mit Frauen umgeht. »Ich würde am liebsten gehen!«,
protestierte sie. Ich kann diese Position durchaus verstehen,
für einen jungen Menschen, der Kirche im Grunde nur mehr
aus den Medien kennt.

Auch auf politischer Ebene hat der Einfluss des Christentums
dramatisch abgenommen. Obwohl in manchen Ländern Par-
teien regieren, die das Christentum immer noch im Namen
führen. In zukunftsorientierten Themen wie Genmanipula-
tion, Reproduktionsmedizin, Sterbehilfe dringen christliche
Standpunkte kaum noch durch. Es war noch nicht einmal ge-
lungen, in der Präambel der europäischen Verfassung wenigs-
tens den Gottesbegriff zu verankern.

Ja, wir verlieren dramatisch an Einfluss und Bedeutung. Manche Politiker oder Staatsbeamte, besonders die älteren, lassen
sich noch von christlichem Bewusstsein und dem damit ver-
bundenen Standpunkt leiten – und suchen bewusst Kooperation mit uns. Bei den Jüngeren aber und in der gesamten Bevölkerung geht das zunehmend verloren. Und damit steht
und fällt natürlich auch der Einfluss der Kirchen.

Ein weiteres Beispiel: Mit rund einhundert Millionen diskrimi-
nierter, eingesperrter, vertriebener, gefolterter und getöteter
Gläubigen sind Christen die am meisten verfolgte Religions-
gemeinschaft weltweit. Im Parlament der Europäischen Union
jedoch scheiterte der Antrag, diese Verfolgung zu verurteilen.
Es ist derselbe Ort, an dem ein christlicher Staatsmann, der
Franzose Robert Schumann – einer der Gründerväter der euro-
päischen Einigung –, nach dem Terror des Hitlerregimes die
Straßburger Konvention für Menschenrechte proklamiert hatte.

Das ist eine Entwicklung, die ich mit größter Sorge betrachte.
Gerade auf der europäischen Ebene scheint mir die Entfremdung von unseren christlichen Wurzeln noch gravierender als
bei uns im Land.

Und das, obwohl noch immer fast 80 Prozent der europäischen
Bürger getaufte Christen sind. Es gibt zudem auf dem Konti-
nent keine Organisation oder Institution, die über mehr Mit-
glieder und eine bessere Infrastruktur verfügt als die katholi-
sche Kirche. Dennoch sagt ein Kardinal Schönborn von Wien:
Die Christen in Westeuropa müssten sich zunehmend an eine
Existenz als »Fremde in den eigenen Ländern« gewöhnen. Ist
das bereits die Selbstaufgabe, die vorauseilende Kapitulation?

Das würde ich dem Kardinal Schönborn nicht unterstellen
wollen, aber deutlich wird, dass wir die Frage »Wer ist ein
Christ?« nicht wirklich beantwortet haben. Die Spanne zwischen dem, der als Märtyrer sein Leben für den Glauben gibt,
und dem, der meint, ein guter Christ schon deshalb zu sein,
weil er zu seinem Nachbarn ein wenig nett ist, ist riesig. Wir
spüren heute, dass die Volkskirche dabei ist, zu verschwinden.
Wir spüren, dass es stärker um Entscheidungschristentum gehen wird. Aber unsere Mitarbeiterinnen und Mitarbeiter wissen noch zu wenig, wie solche Entscheidungsprozesse unter

den Bedingungen der Postmoderne eigentlich ablaufen, wie sie initiiert und begleitet werden können. Die Frage »Wer ist ein Christ?« oder »Wie wird man überhaupt Christ?« steht im Raum, und wir haben darauf keine Antwort, die allgemein akzeptiert ist.

Noch einmal zur Diskrepanz zwischen dem schwachen gesellschaftlichen Einfluss des Katholizismus und seiner institutionellen Stärke. Hier einige Zahlen: Die katholische Kirche zählt als stärkste Glaubensgemeinschaft in Deutschland 25 Millionen Mitglieder, 15 000 Priester, 25 000 Ordensleute, 700 000 Laienmitarbeiter, 436 228 Ministranten. Alleine der größte Verband, die Katholische Frauengemeinschaft Deutschland, hat 600 000 Mitglieder. Es gibt 18 000 katholische Chöre und Musikensembles mit mehr als 400 000 Laienmusikern. In 19 400 Tageseinrichtungen werden rund 650 000 Kinder betreut, in 908 Schulen rund 370 000 Schüler. In 16 Jugendorganisationen sind weitere 660 000 Kinder, Jugendliche und junge Menschen organisiert. Jährlich bietet die katholische Kirche über 176 000 Veranstaltungen, Seminare und Weiterbildungsmöglichkeiten für über vier Millionen Teilnehmer an. Die katholische Caritas pflegt, betreut und berät fast zehn Millionen Menschen. Dazu gibt es 34 katholisch-theologische Institute, eine Katholische Universität, drei diözesane theologische Fakultäten, fünf Ordenshochschulen, fünf katholische Fachhochschulen. Und, und, und. Warum verliert eine institutionell so starke Kirche so dramatisch an gesellschaftlicher Relevanz? Wie konnte das passieren?

Ich bin jetzt ganz bewegt angesichts der Zahlen, die Sie da vorlegen, und der nominellen Kraft, die hier schon rein quantitativ vorhanden sein müsste. Umso erschütternder ist die Tatsache des enormen Glaubensverlustes, den wir erleben. Das macht umso deutlicher: Das Kernthema ist der Glaube, nicht einfach der Erhalt des Institutionellen als Selbstzweck.

Interessant ist dabei, wie der Apostel Paulus missioniert hat. Dem ging es nicht zuerst darum zu fragen: Wie kümmere ich mich um Flüchtlinge? Wie kümmere ich mich um Kranke? Wie kümmere ich mich um Behinderte? Wie mache ich ein Krankenhaus auf? Paulus ging es eigentlich ausschließlich nur um: Ich will, dass ihr Christus erkennt, ihm begegnet, mit ihm ein neues Leben anfangt. Alles andere Aufgezählte ist gut und wichtig, aber die echte christliche Befähigung zu allem anderen folgt aus der Priorität der tiefen Christus-Erkenntnis.

Allerdings sind wir heute nicht mehr in der Situation von Paulus.

Aber ist es nicht so, dass wir einerseits alle diese sozialen Dinge tun – und gleichzeitig Gefahr laufen, unsere Substanz zu verlieren? Wenn ich höre, wie viele Bildungsveranstaltungen wir machen – wo geht es darin wirklich um den Kern des Evangeliums? Wer glaubt noch, dass Christus wirklich gegenwärtig ist und sich in der Eucharistie der Welt einverwandelt? Wer glaubt noch, dass, wenn er im Gottesdienst war, sich dadurch sein Leben verwandeln soll und kann? Und wenn sich immer mehr Menschen mit einem solchen Glauben schwertun, auch innerkirchlich, stellt sich die Frage: Halten wir nur mehr einen Betrieb aufrecht, der von innen her hohler und hohler wird – und sich am Ende von einer x-beliebigen sozialen Organisation nicht mehr unterscheidet?

Geht es nicht zunächst auch darum, Chancen und Möglichkeiten zu nutzen, die noch immer vorhanden sind?

Ja, wunderbar, aber verstehen Sie, das ist das Maria-Martha-Prinzip. Sie kennen im Evangelium die Geschichte von der Maria, die sich erst mal hinsetzt, um dem Herrn zuzuhören. Und ihr gegenüber ihre Schwester Martha, die weiterhin ihre

Hausarbeit verrichtet und alles tut und sich abrackert, um den hohen Gast zu versorgen. Aber sie wird dafür von Jesus getadelt. Ich habe noch fast keine Predigt gehört, die nicht am Ende auf die Pointe hinauslief: Ja, wir brauchen Martha und wir brauchen Maria, beides ist gleich wichtig, Aktion und Kontemplation. Aber das ist überhaupt nicht die Pointe dieses Evangeliums. Martha tut für den prominenten Gast alles, was von der Konvention her gewünscht ist. Sie will gesehen werden und will Bestätigung. Doch Jesu Kernaussage zu ihr ist: Gute Frau, Maria hat das Bessere erwählt, und das soll ihr nicht genommen werden. Du machst dir viele Sorgen, Martha. Aber hast du mich gefragt, ob ich das, was du da alles machst, überhaupt will? Glaubst du, ich bin gekommen, damit du den üblichen Betrieb wie sonst auch machen kannst? Ich bin gekommen, damit ich dir etwas schenken kann, durch mein Wort und meine Gegenwart – und nicht damit du dich erst vor mir beweisen musst.

Meine Frage ist deshalb: Tun wir das viele, was wir in der Kirche tun, nur um unseren Betrieb aufrechtzuerhalten? Ich will das natürlich nicht verurteilen. Da sind so viele gute Menschen dabei, die sehr engagiert sind. Aber sehr viel von alledem ist doch nicht eine Antwort auf die Frage nach dem Willen des Herrn. Sehr viel läuft einfach, weil es immer so gelaufen ist. Haben wir überhaupt schon mal gefragt: Herr, willst du, dass wir diesen ganzen Betrieb genauso aufrechterhalten? Was willst du denn eigentlich, was wir tun? Diese Frage kommt uns kaum noch in den Sinn. Auch weil wir womöglich nicht glauben, dass wir tatsächlich eine Antwort bekommen. Oder aber aus Furcht, eine Antwort zu bekommen, die wir vielleicht gar nicht hören wollen!

Das Evangelium spricht von den vielen Talenten, die man nicht vergraben sollte.

Aber die Talente einfach nutzen oder sie im Geist des Evangeliums nutzen sind zwei ganz verschiedene Dinge.

Die Krise von Kirche und Glauben kam nicht über Nacht. Viele der Ursachen liegen in gesellschaftlichen Veränderungen. Da ist der Prozess der Säkularisierung. Der Wandel der Mentalität in einer neuheidnischen Kultur. Aber etwa auch ein zunehmend aggressiver werdender Kirchenkampf großer Medienhäuser, denen der »Welt«-Journalist und Kirchenexperte Gernot Facius »eine toxische Mixtur aus Polemik, Verzerrung und Aggression« vorwirft. Fakten, die nicht ins Bild passen, würden ignoriert, die Berichterstattung habe einen tendenziösen und häufig ideologischen Charakter. Dass auf der anderen Seite Skandale wie der Missbrauch von Schutzbefohlenen oder der Bischofsbau von Limburg zum schlechten Ansehen der Kirche beitragen, steht außer Frage. Papst Franziskus sprach in einem legendären Appell an die Kurie von den verschiedenen Krankheiten dieser Kirche. Etwa der Krankheit der geistlichen Versteinerung, der ausufernden Planung, der Rivalität und der Ruhmsucht. Sogar von »spirituellem Alzheimer« war die Rede. Wie haben Sie diese Kritik aufgenommen?

Ich habe mir das Video mit dieser Ansprache angesehen. Die Aufnahmen zeigen den Papst, wie er nach ignatianischer Art eine Unterscheidung der Geister versucht, gewissermaßen nach den Regeln seines Ordensvaters. Es war eine Gewissenserforschung im Advent, der Zeit der Besinnung und der Buße. Im Anschluss daran hat er die Anwesenden brüderlich umarmt. Der Ansatz dabei ist: Welche Versuchungen, welche Krankheiten gibt es in mir, in meinem Leben und hier in unserem Umfeld? Ja, die gibt es auch in der ganzen Kirche. Diese Form der Ehrlichkeit schätze ich sehr. Der Papst sieht die Dinge und sagt sie dann einfach. Das ist wunderbar.

Sie haben sich und die Kirche in Deutschland mit angesprochen gefühlt?

Natürlich. Das Problem ist, um es zu wiederholen: Bekehrung kann man nicht verordnen. Die Freude des Evangeliums entsteht, wächst, vertieft sich bei allen, die Jesus wirklich begegnen. Aber die Freude kann nur wachsen und sich vertiefen, wenn man auch innerlich mitgeht und einen Reinigungsprozess vollzieht. Der Heilige Geist liebt Kooperation. Er will uns ausräumen, innerlich freiräumen, damit er uns erfüllen kann. Aber wir müssen ihn da auch räumen lassen.

Dann sehen wir uns konkret die einzelnen Räume, die da aufzuräumen wären, etwas genauer an. Was muss sich in der Kirche ändern? Ich möchte hier einige Thesen formulieren, die ich zur Diskussion stelle. Es geht dabei letztlich auch um die richtige Medizin, damit eine kranke Kirche gesunden und ihre Aufgaben wieder ganz wahrnehmen kann.

I. Station
Die Selbstblockade

Beginnen wir mit dem Komplex der sogenannten heißen Eisen, wie Zölibat, Frauenordination, Homosexualität. Das sind keine unwichtigen Themen, aber dass sie in Deutschland seit Jahrzehnten fast ausschließlich die Agenda bestimmen, hat die Kirche förmlich kaltgestellt. Der Glaube selbst und die wirklich notwendigen Reformen blieben dadurch auf der Strecke.

Dem kann ich weitgehend zustimmen. Wir lassen uns von dieser Agenda vielfach bestimmen. Das sah man beispielsweise auch an der Berichterstattung über die Bischofssynode vom November 2015. Hier waren Themen im Vordergrund, die nicht den Kern betrafen, um den es hier ging, auch wenn sie damit zu tun haben. Sie stehen wie eine Hecke um die dahinterliegenden Grundprobleme, und wir neigen inzwischen selbst dazu, mit dem Medienblick von außen ebenfalls nur auf die Hecke zu schauen. Wenn wir diese Fragen jedoch mit dem Binnenblick betrachten, aus dem Herzen der Kirche heraus, tief im Glauben verankert, dann haben sie plötzlich ein völlig anderes Aussehen und kriegen auch eine andere Gewichtung. Man merkt plötzlich: Okay, darüber kann man zwar streiten, aber das ist nicht wirklich das, worum es in der Mitte geht.

Die Innenperspektive macht gelassener und freier, barmherziger im Blick auf diese ganzen Themen, die von außen betrachtet viel Aggression erzeugen. Es stimmt, wir lassen uns als Kirche alleine schon dadurch blockieren, dass wir allzu schnell die Perspektive von außen übernehmen.

Über die Fremdbestimmung durch Dauerthemen sagt Papst Franziskus: »Wir können uns nicht nur mit der Frage um die Abtreibung befassen, mit homosexuellen Ehen, mit den Verhütungsmethoden. Das geht nicht … Man kennt ja übrigens die Ansichten der Kirche, und ich bin ein Sohn der Kirche. Aber man muss nicht endlos davon sprechen.«

Die Gefahr ist, dass viele Menschen, die sich für den Glauben interessieren würden, an diesen Themen hängenbleiben und dann keinen Schritt weiterkommen. Nur als Beispiel: Da wird im Bayerischen Fernsehen eine Auslandsreise des Papstes dokumentiert – aber in den begleitenden Talks geht es nur um die Fragen: Wie ist das jetzt mit den Wiederverheirateten? Wie ist es mit der Frauenordination und dem Zölibat? Ein junger Mensch, der die Sendung sieht, kann doch gar nicht auf die Idee kommen, dass Kirche etwas ist, was spannend ist, was Tiefe hat, wo man Gott begegnen kann. Dieser junge Zuschauer muss den Eindruck haben: Die sind ja alle von vor-vor-vor-vorgestern. Das ist der letzte Laden!

Zur Verteidigung mancher Journalisten muss man sagen, es ist häufig auch Unwissen, dass sie sich pausenlos im Kreis drehen. So fragt man aus Bequemlichkeit einfach nach, was alle nachfragen, und glaubt sich damit zumindest auf der sicheren Seite.

Und vermutlich gibt es auch zu wenige Journalisten mit wirklicher Erfahrung. »Erfahrung« auch im weiteren Sinne. Auch hier zitiere ich gern noch einmal Karl Rahner, der dieses berühmte Wort gesagt hat: »Der Christ der Zukunft wird ein Mystiker sein – oder er wird nicht mehr sein.« Er wird also einer sein, der Erfahrung gemacht hat.

II. Station
Die Entsalzung des Salzes

In den vergangenen Jahrzehnten gab es kaum ein pastorales Experiment, auf das im Bemühen um eine »Modernisierung« der Kirche verzichtet worden wäre. Profil gewonnen hat man dadurch nicht. Die Verwässerung der Botschaft lässt das Christentum als ein »Religionsprojekt« erscheinen, das ganz interessant sein mag, auf das man freilich auch gut und gerne verzichten kann. Aber wenn das Salz schal geworden ist, so die Warnung Jesu, würde es zu nichts weiter taugen, »als dass es hinausgeworfen und zertreten wird von den Menschen«. Ist das ein sprechendes Bild gerade auch für unsere Zeit?

Man darf die Volkskirche in dem, was sie geleistet hat, nicht schlechtreden. Heute merken wir jedoch, dass ihr nach und nach die Kraft ausgeht. Viele Menschen sind in dieser Volkskirche noch immer sehr engagiert und leben ihren Glauben darin, und das ist gut und richtig. Dennoch muss es daneben Ansätze geben, um gewissermaßen neuen Wein in neue Schläuche zu füllen.

Ist das ein Plädoyer für einen Systemwechsel?

Bloß zu versuchen, das System irgendwie zu reparieren, wäre jedenfalls schwierig. Neuer Wein in neue Schläuche bedeutet dabei nicht, lediglich zu experimentieren oder gar fragwürdige pastorale Versuche aus der jüngsten Vergangenheit zu wiederholen, sondern zu sagen: Wir brauchen neue Antworten für die neue Zeit. Kein neues Evangelium, aber neue Formen, das Evangelium kennenzulernen. Die Kirche braucht Menschen, die brennen. Die ihren Glauben intensiv durchdrungen und verstanden haben. Die ihn anderen mitteilen und gleichzeitig neue Räume eröffnen können. Der Glaube kristallisiert sich immer an Personen. Und meine Frage ist heute: Wie bilden wir Priesteramtskandidaten und Hauptamtliche in der Kirche so aus, dass sie solche Evangelisierer werden – und nicht einfach erneut Mitarbeiter, die die bisher bekannten Strukturen bedienen – und nicht mehr.

Zur Entsalzung der Botschaft trug die Infragestellung der historischen Person Jesu und seiner Lehre bei. Diese Egalisierung war in Teilen der theologischen Zunft geradezu ein Muss geworden. Verlagert man sich heute vielleicht auch deshalb gerne auf Unverfängliches, um sich die Nagelprobe nach der Wahrheit Christi zu ersparen?

Die Bibel gehört dem Volk Gottes. Sie ist auch ein explosives Buch und oft leicht, aber manchmal auch gar nicht leicht zu lesen. Dann ist Hilfe notwendig, eben auch von Theologen, von Schriftgelehrten, von den Priestern. Aber der Schlüssel, die Heilige Schrift von vorn bis hinten lesen und verstehen zu können, ist Jesus selbst. Die ganze Schrift läuft auf Jesus zu, auf seine Hingabe, seine Liebe, sein Lebensopfer. Ich muss sie gewissermaßen mit Kreuz und Auferstehung lesen. Hier zeigt sich die absolute Liebe, die sich verschenkt – die aber zugleich auch eine Antwort von uns fordert.

Ich will auch hier keine Generalschelte betreiben, aber vieles im heutigen akademischen Studium ist eher dazu geeignet, dass sich die Studierenden Jesus vom Leib halten können. Nach dem Motto: Ich kann mit dem Text so oder auch anders umgehen, kann die Perspektive beliebig verändern, die Ergebnisse noch einmal in den religionskritischen Vergleich bringen und so weiter. All das hilft mir, selbst Herr des Verfahrens zu bleiben. Aber es dient nicht dazu, mich wirklich von Jesus berühren zu lassen. Und nicht dazu, vom Wort Gottes überführt und verwandelt zu werden.

III. Station
Die Selbstsäkularisation

Die Herzmitte des katholischen Glaubens ist die Eucharistie. Romano Guardini nannte sie die heiligste Handlung am heiligsten Ort der Welt. Die These ist: Die Gotteshäuser wären voller, wenn die Kirche deutlicher machte, was es hier zu holen gibt.

Ich tue mich schwer mit dem Wort »zu holen«. Das ist nichts, was man gewissermaßen im Laden kaufen kann.

Gut, sprechen wir von einer Einladung. Die heilige Messe ist ja nicht nur Opfer, sondern ein Geschenk. Meditation, Musik, Schönheit, Freude. Ich bekomme etwas.

Ja, natürlich, am Ende bekomme ich den Sinn meines Lebens und sogar die Erlösung. Aber, wie gesagt, das ist nichts, was man gegenständlich kaufen kann. Wir haben bereits darüber gesprochen: Christentum wächst durch Anziehung, nicht durch Propaganda …

Jesus war durchaus auch ein »Propagandist«, mit Massenmeetings am See, Happenings am Berg, wo er Essen verteilen ließ. Er zog über das Land und lehrte.

Aber erst wenn es uns gelingt, deutlich zu machen, dass wir selbst Ergriffene sind, dass wir von diesem Glauben durchdrungen sind, dass er kostbar und wichtig ist, dass wir uns davon nähren und unser Leben danach gestalten, erst dann kommt der eine oder andere und spürt, was hier geschenkt ist. Wenn wir das nicht pflegen, nicht feiern, nicht wertschätzen, sondern einfach nur absitzen und hoffen, dass es nicht länger als 45 Minuten dauert, dann wird es belanglos.

Sprechen wir von einem »Mysterium«?

Mysterium bedeutet Geheimnis, und zwar im guten Sinne des Wortes. Im Wort Geheimnis steckt das Wort »heim«. Das heißt, dass da jemand kommen, es aufschließen und sich »daheim« fühlen kann. Dies zu vermitteln ist eine Aufgabe, die wir als Kirche nicht immer gut lösen.

Ein Beispiel?

Als Pater bin ich häufig zum Beichthören in verschiedene Pfarreien gerufen worden, speziell vor Weihnachten und Ostern. Es gab dabei die verschiedensten Erfahrungen. An manchen Orten beichten die Leute gar nicht mehr. Dann hockst du eine Stunde im Beichtstuhl, und dann kommt vielleicht einer. In einer anderen Pfarrei kommen die Leute schon noch, aber sie beichten sehr routiniert und sagen: erstes Gebot – nix; zweites Gebot – Dings; viertes Gebot – nix und so weiter. Und dann kommst du in eine Pfarrei und du merkst plötzlich: mehrere Beichten hintereinander sind existenziell. Die Menschen bringen ihre Fragen, ihre Schuld vor Gott. Und dann fragst du dich: Woran liegt das? Mein Eindruck ist, dort, wo so etwas passiert, ist die Gemeinde in der Regel von jemandem geprägt worden, der ihr als geistlicher Leiter, als Priester, diesen Raum eröffnet hat. Der ihnen geholfen hat zu verstehen, was Beichte ist. Oft über jahrelange, geduldige Seelsorge. Ich denke, das geistliche Niveau einer Pfarrei oder einer kirchlichen Gemeinschaft hängt nicht nur, aber auch sehr deutlich vom geistlichen Level des Leiters ab.

In meiner Kindheit bewirkte schon die Würde der Handlung, mit der man die Eucharistie umrahmte, ein Bewusstsein für die Heiligkeit der Kommunion. Man durfte zuvor nichts essen; man sollte zur Beichte gegangen sein; und man durfte die Hostie nicht mit der Hand anfassen. All diese Dinge haben unmissverständlich klargemacht: Hier geht es nicht bloß um eine Art Erinnerung an das Letzte Abendmahl, sondern um etwas so unfassbar Außergewöhnliches wie den Empfang Christi selbst, den ich kommuniziere, indem ich ihn in mir aufnehme – und dabei gleichzeitig von ihm aufgenommen werde. Heißt Selbstsäkularisation nicht auch, durch die Banalisierung des Ritus den Zugang zu den Mysterien zu verlieren?

Da haben wir sicherlich etwas verloren. Das Problem ist: Wenn der Pfarrer ankündigt, er mache jetzt zwei, drei Bildungsabende über das Geheimnis der Eucharistie, dann kommen, so die gewöhnliche Erfahrung, die drei älteren Damen, die zu allem kommen, was der Pfarrer anbietet, auch wenn er »Häkeln für den Weihnachtsabend« anbietet oder Ähnliches. Und wenn ich in die Programme unserer Katholischen Bildungswerke schaue, dann entdecke ich schon viele gute Angebote, aber tatsächlich nicht allzu viele, die ausdrücklich und kontinuierlich wirklich intensive Glaubensbildung leisten. Obwohl das aus meiner Sicht heute das größte Desiderat ist. Aber auch hier mach ich keinen Vorwurf: Wir wissen nämlich noch gar nicht genau, wie wir Angebote bieten können, die so attraktiv sind, dass die Leute auch kommen. Oder besser: Wir wüssten es schon. Es hängt an den Personen. Aber wo sind heute die brennenden Verkündiger, die so von dem sprechen, was sie im Herzen berührt, dass die Menschen angezogen werden?

Der Schriftsteller Martin Mosebach spricht im Zusammenhang mit Liturgie von einer »Häresie der Formlosigkeit«. Die katholische Kirche habe eine Zelebration aufgegeben, die bereits in der Form die Botschaft zum Ausdruck bringt. Liturgie ist nicht lediglich ein Mittel, um in geistliche Höhen aufsteigen zu können, sondern bereits Teilnahme an einer Feier mit kosmischer Dimension. Benedikt XVI. empfand die richtige Feier der liturgischen Geheimnisse so wichtig, dass er erklärte: »Im Kontext der Liturgie entscheidet sich das Schicksal des Glaubens und der Kirche.«

Mosebach ist ja ein großer Verfechter der alten Liturgie, also des überlieferten tridentinischen Ritus. Ich glaube nicht, dass man die neue Form der Liturgie pauschal als Formlosigkeit abtun kann. Wahr ist, eine verkehrt oder lax umgesetzte Praxis konnte in der Tat eine Zeitlang den Eindruck erwecken, dass in der erneuerten Liturgie jeder machen kann, was er will.

Wirken die von »Liturgischen Arbeitskreisen« manchmal sehr selbstgebastelten Messfeiern nicht häufig auch, als ob man Wasser ins Feuer kippt? Da springt kein Funke mehr über.

Ich glaube, diese Phase haben wir weitgehend überwunden. Der neue Ritus ist, wenn er würdig gefeiert wird, ein wunderbarer Ritus und kann in einer ganz tiefen, schönen Form den Menschen ins Geheimnis hineinhelfen. Natürlich geht es darum, würdig zu feiern. Man spürt im gelingenden Fall schon am Zelebranten und an denen, die mitfeiern, *was* sie da feiern und *wen* sie da feiern – oder ob alles bloß heruntergebetet wird. Papst Benedikt hat das mal so gesagt: »Das Problem ist nicht die Übersetzung der Liturgie in die Volkssprache, das Problem ist die Übersetzung ins Geheimnis.«

IV. Station
Die unterlassene Hilfeleistung

Halten wir fest: Global gesehen erlebt die katholische Kirche als die größte Glaubensgemeinschaft der Welt mit 1,2 Milliarden Gläubigen einen ungebrochenen Aufschwung. So hat die Zahl ihrer Mitglieder allein 2014 um 15 Millionen Menschen zugenommen. In Deutschland hingegen treten immer mehr Menschen aus ihr aus. Von den Verbliebenen glauben einer Untersuchung der Bertelsmann-Stiftung zufolge nur noch 16,2 Prozent an den allmächtigen Gott als ein personales Gegenüber. Meine These ist: Das Ausbluten des Glaubens hätte durch rechtzeitige Maßnahmen gemindert werden können. »Ihr habt in den Notleidenden mich nicht erkannt!«, sagt Jesus. Sind im spirituellen Sinne nicht auch jene Christen notleidend und hilfsbedürftig, denen es an geistlicher Nahrung fehlt?

Es ist in der Tat interessant, dass es in der Szene vom Weltgericht im Evangelium nach Matthäus (Mt 25) nur um Unterlassung geht. Jesus hat kaum etwas so streng verurteilt wie unterlassene Hilfeleistung. Ich glaube andererseits, man hat in der Zeit, als der Verlust von Glaubenswissen eingesetzt hat, gar nicht gemerkt, was da eigentlich passiert. Wir sind optimistisch davon ausgegangen, dass das grundlegende Glaubenswissen schon irgendwie dauerhaft bereitsteht. Die Überzeugung war: Wenn man in einem halbwegs katholischen Umfeld aufwächst, Weihnachten, Ostern und Pfingsten feiert, Religions-, Kommunion- und Firmunterricht genießt, dann hat jeder diese Inhalte gewissermaßen mit der Muttermilch aufgesogen. Es war uns vermutlich auch gar nicht bewusst, wie wichtig dieses Glaubenswissen eigentlich ist. Heute stehen wir auf diesem Feld tatsächlich vor einem Scherbenhaufen.

Gibt es da nicht auch eine Fürsorgepflicht der Hirten? Die Schriftgelehrten und Hohepriester hat Jesus zur Rechenschaft gezogen wie niemanden sonst. Er kritisiert ihr elitäres Bewusstsein; ihren Anspruch auf die vordersten Plätze; ihre Doppelmoral; ihren Unwillen zu Reue und Umkehr; ihren Prunk, der sich in den herrschaftlichen Kleidern und den riesigen Hüten ausdrückte, um das hochmütige Haupt noch höher zu machen. Jesus nennt sie »blinde Führer«, »Heuchler und Schlangenbrut«. Ihre Gesetze und ihr Verhalten waren nur noch förmliches Bekenntnis. Passt nicht vieles von der Schelte Jesu auch auf die heutige kirchliche Nomenklatura?

Jedes Mal, wenn ich die Schelte gegen die Pharisäer, Schriftgelehrten und Hohepriester lese, versuche ich, all das auch auf mich hin zu lesen, und frage: Herr Jesus, was willst du mir damit sagen? Ich habe Theologie studiert und fühle mich als Schriftgelehrter angesprochen. Ich bin als »Pharisäer« gewissermaßen verantwortlich für die Einhaltung des Gesetzes. Und ich bin als hoher Priester, als Bischof, als der erste Priester in meinem Bistum, auch verantwortlich für den Kult …

»Wehe euch«, *hält Jesus den Hohepriestern entgegen,* *»ihr verschließt den Menschen das Himmelreich, ihr selbst geht nicht hinein; aber ihr lasst auch die nicht hinein, die hineingehen wollen.«*

Ja, es liegt in unserer Verantwortung, den Schlüssel so zu benutzen, dass er die Tür immer wieder aufsperrt, und es ist eine unserer Versuchungen, die Tür auch zuzusperren. Vielleicht gehört es zu einem der heute gängigen Missverständnisse, dass wir meinen, wir sperren die Tür auf, wenn wir dem öffentlichen Druck, den Sehnsüchten und den Dingen nachgeben, die alle fordern. Wir meinen, wir sperren auf, indem wir beispielsweise die Sexualmoral lockern. Aber ist das wirklich der Schlüssel, der aufsperrt?
Der Punkt ist: Ich muss, um ins Geheimnis führen zu können, selbst im Geheimnis stehen. Ich frage mich jedes Mal selbst: Stehe ich genug drin, dass ich die Menschen hineinführen kann? Ich bitte den Herrn darum und habe Sehnsucht danach, so zu leben und so zu handeln. Ob ich es jedoch erfüllen kann, ist eine andere Geschichte. Wir haben jedenfalls diese hohe Verantwortung, und das Gericht wird für uns strenger. In Dantes »Göttlicher Komödie« sieht man in einer Szene bekanntlich auch Bischöfe und sogar Päpste in der Hölle sitzen.

Die Deutsche Bischofskonferenz wird sich, wenn sie denn geschlossen vor Petrus steht, wohl einiges anhören müssen.

Petrus ist hoffentlich barmherzig mit uns allen, weil auch er ein Versager war. Wissen Sie, was mich bei seiner Geschichte wirklich manchmal zu Tränen rührt? Jesus investiert ganz viel in diesen Kerl. »Du bist Petrus, der Fels«, so ruft er ihn. Aber ist er dieser Fels auch schon zum Zeitpunkt seiner Berufung? Wie wird er denn zu dem Felsenmann? Nach der Auferstehung begegnet er dem Herrn, und der Herr schaut ihn an und fragt ihn drei Mal, weil Petrus ihn drei Mal verraten hat: »Liebst du mich?« Er könnte ja sagen: »Sag mal, was ist los mit dir? Jetzt bist du drei Jahre mit mir unterwegs. Ich hab dir alles erklärt, hab mein Leben auch für dich reingehängt, und du verpfeifst mich bei der erstbesten Gelegenheit. Und lässt zu, dass es mir unfassbar elend geht?«

Aber da ist kein Vorwurf, nichts. Nur: »Liebst du mich?« Und was sagt Petrus in seiner unreifen Liebe? »Das weißt Du doch.« Daraufhin erklärt Jesus: »Weide meine Schafe.« Das heißt: Du bist wieder im Amt. Du bist wieder dabei. Mit anderen Worten – so kann man das jedenfalls deuten –: Echte geistliche Autorität kommt aus der Erfahrung der Intimität mit dem Herrn. Aus der Erfahrung des Berührtseins von der Liebe Jesu, aus der inneren Nähe zu ihm. Und die kann man nicht einfach machen. In die kann man sich vom Herrn immer mehr hineinführen lassen, dann wächst uns von innen her die Kraft zu, ein Zeuge zu werden, der hilft, auch in anderen das Evangelium lebendig werden zu lassen.

V. Station
Die unterlassene Katechese

Eine Form von unterlassener Hilfeleistung sind die Versäumnisse in der Katechese. Sie sind mit eine der Hauptursachen für den dramatischen Glaubensabfall. So stellte die wissenschaftliche Untersuchung »Wie wir Deutschen ticken« 2015 über die Beziehung zu den beiden Volkskirchen fest: »Viele Menschen wissen nicht mehr so richtig, warum sie dabei sind.« Heute sind ganze Elterngenerationen schon nicht mehr in der Lage, ihren Kindern auch nur die Grundzüge des Christentums zu vermitteln. Jugendliche haben so viel Religionsunterricht wie noch nie, in der Regel neun Jahre lang, am Ende jedoch wissen die meisten nur rudimentär etwas über jenen Glauben, auf den sie getauft wurden. All dies geschieht unter der Aufsicht der Bistümer, die bekanntlich die Religionslehrer beauftragen.

Sie sprechen einen Missstand an, dem nicht so einfach beizukommen ist. Auch Religionslehrer sind Kinder der säkularisierten Gesellschaft. Da sagt dann einer, der katholische Theologie auf Lehramt studiert, zum Beispiel Folgendes: »Na ja, ein bisschen gläubig bin ich ohnehin – hin und wieder gehe ich in die Kirche –, und das Studium ist leichter als Mathe.« Solche Motivationen sind ja auch legitim und nicht ganz verkehrt. Immerhin geben sie dem Ganzen eine Chance. Aber solche jungen Leute sind dann nach fünf Jahren Studium mit katholischer Religion im Nebenfach am Ende dennoch nicht unbedingt Zeuginnen und Zeugen des Glaubens, sondern manchmal genauso verwirrt oder herausgefordert oder zweifelnd wie viele andere auch, übrigens auch wie viele sogenannte Volltheologen nach dem Studium. Denn eine akademische Auseinandersetzung mit theologischen Inhalten setzt ja im Grunde schon ein eigenes Glaubensfundament voraus. Andernfalls kann es erst recht zur größeren Unsicherheit beitragen.

Aber nun: Kann ich als Bischof, wenn mir die Lehramtskandidaten präsentiert werden, die Missio canonica verweigern, die kirchliche Unterrichtserlaubnis? Wie kann man denn Glauben prüfen, wenn jemand ein Zeugnis von der Uni vorlegt und mit »gut« abgeschlossen hat. Und dann sagt der Heimatpfarrer noch: »Ja, die kenne ich, die ist auch immer wieder mal in der Kirche.« Ich mache denen gar keinen Vorwurf. Aber gleichzeitig dürfen wir nicht meinen, der Religionsunterricht ersetzt das, was besonders die Familie versäumt hat. Denn dass eine familiäre Glaubensbildung nicht mehr stattfindet, oder nur noch ganz selten, ist das eigentlich Gravierende. Andererseits glaube ich, dass wir das Thema Schule und unsere Präsenz dort nicht einfach ad acta legen können. Es lohnt sich, dort zu investieren.

Das Thema könnte sich ohnehin bald erledigen. In immer mehr Großstadtschulen können bereits heute keine katholischen Religionsklassen mehr gebildet werden. Zum einen sind viele Schüler Muslime, zum anderen halten die Eltern der verbliebenen christlichen Kinder Religionsunterricht für verzichtbar. Als Bischof sprechen Sie häufig von »neuen Schulen des Glaubens«. Wie sollen die denn aussehen?

Manche Formen wären noch zu finden, manches gibt es schon. Für mich ist klar, dass hier intellektuelle Auseinandersetzung mit geistlicher Erfahrung verbunden sein sollte. Wir brauchen Orte, in denen einerseits Glaubenskommunikation stattfindet und gleichzeitig ein Eintauchen in Erfahrungsräume möglich ist. Die Sache ist: Wissen auch die ausgebildeten Glaubensvermittler noch, was wir glauben? Sind wir uns in ganz entscheidenden Dingen überhaupt noch einig? Über die Bedeutung der Eucharistie zum Beispiel, die Bedeutung der Beichte? Oder auch bei Fragen wie: Gibt es die Möglichkeit verlorenzugehen? Was heißt eigentlich Sünde? Was heißt Erlösung? Was bedeutet Auferstehung? Haben wir überhaupt noch das gleiche Menschenbild? Glauben wir wirklich, dass Gott Wunder wirken kann, Wunder der Bekehrung, Wunder der Heilung? Hier überall eine gemeinsame Basis zu finden ist richtig schwierig geworden. Bereits die Bezugnahme auf den Katechismus gilt in weiten Teilen der heutigen Kirche inzwischen als fundamentalismusverdächtig.

Hört sich ziemlich ausweglos an.

Nein. Das Schöne ist, es gibt Aufbruchsbewegungen – auch solche, die gewissermaßen von unten wachsen und dann einfach da sind. Wenn ich das richtig wahrnehme, dann ist beispielsweise die seit über zwanzig Jahren bestehende Loreto-

Bewegung in Österreich eine von den jungen Initiativen, die ganz neu aufbauen. An Pfingsten sind da im Salzburger Dom sechs-, siebentausend Jugendliche zusammen und loben Gott und freuen sich an ihrem Glauben. Soweit ich weiß, organisieren die inzwischen auch einen Teil der Firmpastoral im Bistum Salzburg – und sind von den österreichischen Bischöfen hoch geschätzt. So etwas interessiert mich.

Was versuchen Sie in Ihrem Bistum in Sachen Katechese?

Für das Bistum Passau gibt es jetzt beispielsweise »B'n'P« …

Wie bitte?

B'n'P steht für »Believe and Pray«. Das ist ein vierzehntäglich stattfindender Gebets- und Glaubensabend für junge Menschen zwischen 15 und 35 Jahren. Ein Bestandteil ist moderne, gut gemachte Lobpreismusik, die jungen Menschen hilft, in eine Form der geistlichen Erfahrung zu kommen. Bei der Auswahl kann man gut und gerne auch schauen, was es da außerhalb des Katholizismus zu finden gibt. Musik ist ganz wichtig. Für mich selbst war die ökumenische Gemeinschaft von Taizé solch eine Erfahrung, ins Gebet zu finden. Ich bin als 17-Jähriger das erste Mal dahin gefahren; relativ widerwillig, muss ich zugeben, weil ich gedacht habe, da muss ich jetzt nur beten und so. Dann sitze ich eines Abends in dieser eigenartigen Kirche, und da werden die Taizé-Lieder gesungen und mehrfach wiederholt. Und plötzlich spüre ich: Es betet in mir. Und ich habe dort zum ersten Mal verstanden: Beten ist nicht, gelernte Wörter zu sagen, in denen Gott vorkommt …

Sondern?

Beten ist immer ein innerer Vollzug des Daseins vor Gott. Ich darf auch einfach nur mal *da* sein. Sitzen und da sein. Und zu erfahren: Es ist gut, dass ich jetzt hier bin, vor Gott. Das ist bereits eine Form von Hineingenommensein ins Gebet. Solche Erfahrungen jungen Menschen zu ermöglichen, Räume zu eröffnen, in denen das passieren kann, und in diesen Raum das Evangelium hineinzusprechen, das machen wir bei B'n'P. Dann versuche ich, in einem etwa halbstündigen Vortrag, herausfordernd das Evangelium zu verkünden. Danach gibt es Fragen, Statements, Diskussion. Nach den Fürbitten und dem Segen gibt es noch die Möglichkeit, gesellig beieinander zu sein. Es ist ein anspruchsvolles Programm, aber ich habe die Erfahrung mit einem ähnlichen Format schon vor meiner Zeit als Bischof gemacht. Das hat Menschen geprägt. Sie haben sich mitnehmen lassen in eine Schule des Glaubens – und damit auch in eine Schule für das Leben.

Wenn klar ist, dass die klassischen Orte von Glaubensbildung nicht mehr so gut funktionieren, welche Alternativen bieten sich dann an?

Ich denke, hier haben wir noch keine flächendeckende Lösung gefunden. Vielleicht gibt es die auch gar nicht. Vielleicht kriegen wir tatsächlich nur punktuelle Lösungen, für Menschen, die sich darauf einlassen und wirklich interessiert sind. Das Problem ist: Wir sind als Priester und hauptamtliche Diakone, Pastoralreferenten und Gemeindereferentinnen ausgebildet, um bisher bestehende volkskirchliche Strukturen zu bedienen. Wir sind noch nicht ausgebildet, zum Beispiel selbst einen Glaubenskurs anzubieten. Das hat uns niemand beigebracht. Und in der bislang gängigen Ausbildung kommt das noch nicht vor.

Vielleicht auch deshalb, weil sich nach dem Ende des Naziterrors niemand vorstellen konnte, es werde jemals wieder eine Zeit geben, in der Christentum erneut unter Druck gerät und sich der Glaube neu bewähren und wehrhaft standhalten müsste.

Ja. Das Volkskirchliche war in seinen Milieus etabliert. Es würde reichen, so dachte man, ein bestimmtes Programm zu durchlaufen, und am Ende käme der fertig ausgebildete Gläubige heraus.

VI. Station
Der Funktionärskatholizismus

Die Kirche hat all die Zivilisationskrankheiten, wie sie heute viele Menschen plagen: hoher Blutdruck, Diabetes, Fettleber, Risiko von Gehirnschlag und Herzinfarkt. Die Belastung durch das gewaltige Übergewicht an Bürokratie, Unternehmen und Immobilien droht sie buchstäblich zu ersticken. Den »Überhang an ungeistlicher Bürokratie« bezeichnete Papst Benedikt XVI. als eine der gefährlichsten Entwicklungen in der deutschen Kirche. Sie führt nicht nur zu einer Erstarrung, sie blockiert gerade auch jene Kräfte, die aus einer echten Dynamik des Glaubens kommen, aber deren Engagement nicht abgerufen wird.

Das kann ich nachvollziehen. Und ich höre jetzt den einen oder anderen Hauptamtlichen oder Pfarrer, der dem Bischof oder dem Generalvikar das Thema Bürokratie ebenfalls klagend vorbringt. Aber Bürokratie gibt es ja nicht nur, weil wir es machen, weil uns das so viel Spaß macht, sondern auch, weil wir da vieles vom Staat aufgedrückt bekommen. Aber ja, natürlich haben wir ein bürokratisches Problem. Wir haben viel Geld und wir haben Strukturen geschaffen, die tendenziell, schon aus sich selbst heraus, bisweilen zu einer gewissen Lähmung führen, einfach weil Bürokratien schon als solche zum Selbsterhalt neigen. Da ist Kirche auch nicht viel anders, vor allem dann nicht, wenn die Mitte verlorenzugehen droht.

Immer mehr Priester klagen über die Unzahl von Verwaltungssitzungen. Sie kämen kaum noch dazu, Seelsorge zu leisten.

Dieses Problem ist da, ja. Aber manchmal erlebe ich es auch als vorgeschoben. Denn wenn wir sagen, wir nehmen unseren Priestern die Verwaltungsaufgaben ab, damit sie wieder Seelsorger sein können, habe ich nicht selten das Gefühl, dass der eine oder andere das gar nicht will, sondern sich vielmehr ganz gerne als Verwalter betätigt. Dann sind sie Personalverwalter vom Kindergarten, dann sind sie Bauherr vom Pfarrheim oder von irgendwas. Da haben sie sichtbar und fassbar vor Augen, was sie gemacht haben. Das gibt Bestätigung. Denn mancher wäre umgekehrt auch tatsächlich überfordert mit Seelsorge; sich wirklich wieder den Fragen und Nöten der Menschen zu stellen und sich sagen zu müssen: »Meine Aufgabe ist es, den Glauben zu stärken, zu feiern, zu pflegen. Kann ich das überhaupt noch?« So hält man sich dann auch ganz gerne an manchem Bürokratischen fest.

Ist es das große Problem der deutschen Kirche, dass sie zu viel Geld hat? Dass sie deshalb zu viele Dinge von kirchenfernen Angestellten erledigen lässt, die anderswo, etwa in Italien, schon aus Mangel an finanziellen Mitteln von engagierten katholischen Laien gemacht werden?

Das ist sicherlich auch ein Problem, aber ich will auch da nicht generell über unsere hauptamtlichen Mitarbeiter schelten. Da gibt es viele engagierte, gläubige, gute Leute. Andererseits: Wenn heute ein Pfarrer sagt, Christ sein erweist sich auch in der tätigen Liebe, jetzt machen wir mal ein langfristiges Projekt, wo wir einen Alten- oder Krankenbesuchsdienst starten, dann ist das in ganz vielen Pfarreien richtig schwierig geworden. Wir haben Caritas outgesourct, professionalisiert, ökonomisiert, das ist unsere Art von Caritas, von »Liebe umsonst«. Und die Engagierten in der Pfarrei, die organisieren dann halt das Pfarrfest. Das ist auch gut, aber da fehlt uns vielfach tatsächlich auch das weitergehende ehrenamtliche Zeugnis, das die Kirche immer beseelt hat.

VII. Station
Die Verweltlichung

Die Kirche könnte aufgrund von Mitgliederzahl, Infrastruktur, Finanzmitteln, Organisationen oder auch eigenen Medien eine in der Gesellschaft stark vernehmbare Stimme haben. Aber sie wirkt wie ein zahnlos gewordener Löwe: faul, fett und träge. Dieser Löwe hat Angst, noch weniger gemocht und gestreichelt zu werden, nicht genügend konform zu sein, wo er eigentlich sich als Wüstentier der Welt nicht anpassen sollte. Aus seinem einst eindringlichen und weithin vernehmbaren Brüllen ist ein peinliches Krächzen geworden, seine einstmalige Schönheit, Eleganz und Anziehungskraft nur noch Erinnerung. Ist es mit der Kirche nicht auch ein wenig so, dass man immer weniger weiß, wozu man sie eigentlich gebrauchen könnte?

Das ist erneut eine strenge Perspektive. Ich frage mich, wann es jemals so war, wie Sie es ideal beschreiben. Aber natürlich: Ich habe mir als Ordensmann ebenfalls diese Fragen gestellt, auch selbstkritisch in Bezug auf meine eigene Person. Wir Orden sollten als geistliche Lebensform in dieser Gesellschaft im Grunde eine Kontrasterfahrung darstellen. Die Verweltlichung von Kirche, die Verbürgerlichung, die Säkularisierung, macht jedoch vor den Orden auch nicht halt. Das führt dazu, dass auch sie an geistlicher Kraft verlieren. Umgekehrt sehen wir, dass manche Erneuerungsbewegungen, die wieder relativ radikal aus dem Evangelium leben, plötzlich auf viele Menschen anziehend wirken. Es stimmt, wir wollen nicht beißen, wir wollen nicht »böse« sein und durch Positionen, die Widerspruch erzeugen würden, Ablehnung herausfordern.

Es gibt auch in mir etwas, das Angst davor hat, kritisch Position zu beziehen oder vor allem auch das Evangelium in seiner ganzen Radikalität zu verkünden. Wir wollen lieber nett sein. Es gibt so eine gewisse Haltung in der Verkündigung, die einen Seelsorger dann, überspitzt und bildlich gesprochen, sagen lässt: »Mei, is des schee, dass ihr alle noch da seid, hoffentlich kommt ihr nächste Woche wieder, damit ich nicht so allein bin.« Das ist jedoch etwas ganz anderes, als zu sagen: »Ich stehe zum Evangelium und ich will, dass ihr gerettet werdet. Ich will, dass ihr Jesus kennenlernt. Und da geht es um Leben und Tod!«

Ein Beispiel für den Kurs der katholischen Kirche in Deutschland ist der sogenannte Dialog-Prozess, den die Bischofskonferenz als Reaktion auf den Missbrauchsskandal organisierte. Der »Prozess« dauerte fünf Jahre lang, aber bei all den Veranstaltungen kamen Jesus, die Gottesfrage und die grundlegenden Probleme der Krise so gut wie nicht vor. Das Fazit im offiziellen Schlusskommuniqué lautete: »Der Gesprächsprozess war ein wertvoller Lernprozess, durch den sich eine neue Qualität des Miteinanders sowie eine neue Dichte der Kommunikation entwickelt hat.« Punkt. Ende.

Nach dem Bekanntwerden der skandalösen Missbrauchsfälle bestand ein furchtbares Klima zwischen Bischöfen und Laiengesprächspartnern. Dieses Klima hat sich im Laufe der Jahre verbessert. Die Teilnehmer des Dialogprozesses sagen: Wir haben ernsthaft, auf Augenhöhe, intensiv und persönlich miteinander gerungen, wir sind in den Austausch gekommen. Das möchte ich auch gerne so stehenlassen. Doch am Ende kommt ein Papier raus, von dem ein Beobachter sagte, es sei »hoffnungslos richtig«. Das ist dann ein Ergebnis, in dem sich jeder irgendwie wiederfindet, aber das keine Tür nach vorn aufmacht. Die Probleme, die die Kirche hat, werden darin auch nicht im Entferntesten berührt. Wir kommen nicht in die Tiefe, von der heraus wir eigentlich den Aufbruch miteinander gestalten müssten. Das Schlusspapier werden von den dreihundert Teilnehmern, die da waren, vermutlich 290 nicht mehr anschauen, geschweige denn mit ihren Pfarrern oder in ihren Pfarreien diskutieren. Das ist gemeint mit »hoffnungslos richtig«. Man ist endlich am Ende eines solchen Prozesses angelangt und fragt sich dann: Wie machen wir weiter? Machen wir überhaupt weiter?

Vorläufer des »Dialog-Prozesses« war ein Memorandum von deutschen Theologen und sogenannten Reformern. Es zeigt den Ansatz und die Themen, die für die Debatten-Kultur in Deutschland so typisch geworden sind. Dieses Memorandum wurde vom Sekretär der Deutschen Bischofskonferenz als vorbildlich gelobt. Das vorbildliche Papier ist dabei frei von Begriffen wie Beten, Glauben, Eucharistie, Demut, Nachfolge, Umkehr, Besinnung oder gar Buße. Die Rede ist stattdessen vielmehr von »Macht- und Kommunikationsstrukturen«, »Strukturen der Beteiligung«, »Rechtskultur«, »Entscheidungsfähigkeit«, »Handlungsfelder« und »Sozialgestalt«. Es hört sich an, als ginge es um Managementseminare oder Versicherungspolicen und nicht um die Botschaft Christi. Spiegelt nicht alleine schon diese Art des Redens eine spirituelle Auszehrung wider?

Ich war zu der Zeit, als das Memorandum veröffentlicht wurde, als Theologieprofessor ehrlich gesagt enttäuscht und eigentlich schon beschämt davon, was da von meinen Kollegen nicht zuletzt an inhaltlicher Qualität vorgelegt wurde. Dass es am Ende dann doch wieder nur auf Fragen hinauslief wie: Sind Frauen zum Amt zugelassen? Wie gehen wir mit verschiedenen Geschlechterverhältnissen um? Natürlich wurden auch Bereiche aufgegriffen, die auch Sie in unserem Gespräch kritisch anmahnen: die Kirche als Koloss, als bürokratisches Monster, als unbeweglicher XXL-Verein und so weiter. Aber um den Kern des Glaubens ging es darin nicht. Im Gegenteil. Es ging unter dem Stichwort »Memorandum Freiheit« eher um eine meines Erachtens falsch verstandene Freiheitsauffassung, die aus einer bestimmten theologischen Schule kommt und die, meine ich, nicht wirklich evangeliumsgemäß ist.

VIII. Station
Die fehlende Kurskorrektur

Die Kirche ruft die Gläubigen immer wieder zur Umkehr auf. Aber sie selbst als Institution scheint dazu weder fähig noch überhaupt bereit zu sein. Ist es nicht auch an der Zeit, kritisch zu hinterfragen, welche Früchte der bisherige neoliberale Kurs des kirchlichen Establishments in Deutschland überhaupt einbrachte – um dann auch eine Korrektur einleiten zu können? Weltweit sind die neoliberalen Kräfte in der Kirche am Verfallen, während sich Bewegungen, die sich Transzendenz und Identität auf die Fahnen geschrieben haben, als Kräfte der Zukunft zeigen. Aber wo ist hierzulande der fällige Kassensturz, der Mut, ehrlich und schonungslos Bilanz zu ziehen?

Aber wie soll denn das gehen? Kann eine Institution umkehren? Es können immer nur Personen umkehren. Klar, wenn Personen umkehren, die eine bestimmte Verantwortung haben, dann tut sich auch was in den Strukturen, in der Institution. Aber noch einmal: Umkehr kann man nicht verordnen. Letztlich kann man ja noch nicht einmal für sich selbst einfach mal so beschließen, ab morgen kehre ich um. Ich muss etwas erleben, mich immer neu öffnen, dem Herrn aussetzen – und dann fange ich womöglich aus dieser Erfahrung heraus ein neues Leben an. Ich kann das Evangelium lesen und sagen: Da spricht der Herr zu mir, das bewegt mich so, ich muss jetzt eine Entscheidung treffen und die Dinge anders machen. Aber das ist in meine Freiheit und das Verhältnis zwischen Gott und mir gestellt.

Erleben, wie Sie sagen, kann man im Moment immerhin den unvergleichlichen Niedergang des christlichen Glaubens. Ist Kurskorrektur da nicht auch eine Frage der Einsicht? Letztlich auch von Glaubwürdigkeit?

Das geht jetzt an die Adresse der Bischöfe?

Es gibt die Verantwortung der Hirten.

Keine Frage. Aber es ist einfach, mit dem Finger auf die Bischöfe zu zeigen. Als ich vor etwa fünf Jahren zum ersten Mal als Berater zu einer Kommission der Bischofskonferenz eingeladen war, wurde ich desillusioniert, als ich sah, wie wenig Spielraum eigentlich dafür da ist, als Bischof in der eigenen Diözese neue Prozesse einzuleiten. Ein bürokratischer Apparat entwickelt in seiner Eigendynamik ja auch ein gewisses Beharrungsvermögen. Hier mit einer bestimmten Botschaft oder Haltung durchzudringen ist alles andere als einfach.

Die berühmten Sachzwänge?

Sachzwänge sondergleichen. Durch diesen tatsächlich auch riesigen Apparat, den wir da bewegen. Die Frage wäre: Ist uns der Apparat nicht zu groß geworden? Nur – können wir den wirklich auch verkleinern? Kardinal Meißner hat einmal gesagt, wir sind ein David in der Rüstung eines Goliath und können uns kaum noch bewegen. Das ist eine schwierige Geschichte.

Papst Franziskus begeistert auch deshalb, weil er nicht zuletzt mit deutlichen Gesten zum Ausdruck bringt, entschieden einen Erneuerungsprozess vorantreiben zu wollen. In der Kirche in Deutschland sind solche Zeichen nicht zu erkennen.

Die gibt es. Für mich selbst als Bischof ist beispielsweise die Schaffung von Transparenz in Finanzfragen sehr wichtig. Oder etwa auch das Thema flache Hierarchie durch Gesprächsbereitschaft und Brüderlichkeit. Was Umkehr betrifft, möchte ich vor allem auch persönlich vorangehen, indem ich das Gespräch mit den Menschen suche und zeige, dass ich anfragbar bin. Wobei das nicht den Kern von Umkehr betrifft. Der Kern ist: Ich bin der erste Beter des Bistums und frage mich: Bin ich das? Wie komme ich jeden Tag vor dich hin, Herr? Lebe ich wirklich so, dass ich mich dir ganz überlasse, ganz auf dich baue? Oder ist das nur eine morgendliche Absichtserklärung, und spätestens eine halbe Stunde später habe ich den ganzen Laden selbst wieder im Griff, weil ich in meinem Unglauben Gott nicht genug zutraue?

*Spüren Sie in der Deutschen Bischofskonferenz, deren Mit-
glied Sie sind, einen Geist des Aufbruchs oder der Kurskorrektur?*

Ich spüre, dass da viel und gute Arbeit gemacht wird, die
meistens auch notwendig ist. Vom Sekretariat und von den
Mitbrüdern im Bischofsamt. Davon lerne ich viel. Aber ich
spüre auch, dass man sich in eingefahrenen, lange erprobten
Bahnen bewegt, in Strukturen allerdings, die sich zu einer anderen Zeit und unter anderen Bedingungen geformt haben –
und die es deshalb heute auch schwermachen, in der Tiefe und
gemeinsam die Fragen zu stellen, um die es heute eigentlich
geht.

IX. Station
Die Selbstzufriedenheit

*Der amerikanische Publizist Jeff Miru nennt als eines der
Kernprobleme der Kirche in Deutschland eine »gewohnheits-
mäßige Selbstzufriedenheit«. Diese sei regelrecht zur »institutionellen Identität« geworden und trage die Tendenz zum
Stillstand in sich. Die Erhaltung der Institution werde damit
wichtiger als die Mission.*

Das ist wieder sehr zugespitzt, aber man kann das in der Tat
so zuspitzen. Hier geht es um eine grundsätzliche Versuchung, der wir unterliegen. Wir sind ein großer Koloss. Wir
sind auch, wenn man guckt, welche Aufgaben wir mit der
Caritas übernehmen, ein Sozialkonzern. Die Frage ist dann:
Wenn wir so groß sind, so bürokratisch, und konzernähnliche
Strukturen haben, welche Themen kommen in den Vordergrund und welche in den Hintergrund? Und viele der Themen, die allein schon durch die Struktur wichtig sind und in

den Vordergrund kommen, die machen uns im Blick auf das, was wirklich zentral wäre, auch unbeweglich.

Auch die Kirchensteuer ist zunehmend umstritten. Zweifellos werden aus solchen Mitteln wichtige Aufgaben finanziert. Andererseits entsteht der Zwang, möglichst niemanden zu vergrämen. Ist diese Steuer kontraproduktiv?

Wir wissen, dass mit der Kirchensteuer viel Gutes passiert. Der fortschreitende Säkularisierungsprozess könnte allerdings dazu führen, dass uns diese Sache eines Tages ohnehin aus der Hand genommen wird. Der breite gesellschaftliche Konsens, den es hier noch gibt, muss nicht für immer gelten. Ich habe keine Angst davor. Die Kirche würde dadurch nicht untergehen. Vielleicht kann sie sich dann aus anderen Kräften, die »umsonst« sind – Liebe ist umsonst –, erneuern. Es gibt auch den Satz im Evangelium, wo der Herr sagt: Und wenn ihr alles getan habt, dann sagt, ihr habt nur eure Schuldigkeit getan.

Muss die Kirchensteuer weg?

Ich glaube, wir müssen besser hinschauen auf die Versuchungen und auf die Trägheit, die dadurch entstanden sind. Wenn wir es nicht schaffen, diese Versuchungen als Herausforderungen anzunehmen, dann ist die Kirchensteuer etwas, was uns womöglich aufs Ganze eher lähmt und blockiert, als dass sie uns frei macht.

Warum hat jemand, der seine Kirche pausenlos verleumdet und offen gegen ihre Prinzipien kämpft, weiter ungerügt Heimrecht, während ein anderer, weil er aus bestimmten Gründen keine Steuer mehr bezahlen will, automatisch exkommuniziert wird?

Das ist ein sehr schwieriges Problem. Die Frage ist natürlich, auch gerade seit dem Konzil: Wer stellt fest, ab wann einer Häretiker ist und wann nicht? Und wer vollzieht den Rausschmiss?

Das Problem entsteht ja gerade durch die Verbindung von Kirchenmitgliedschaft und staatlich eingezogener Kirchensteuer, die es in anderen Ländern so nicht gibt. In Italien beispielsweise kann man frei wählen, an welche Einrichtung man seinen Obolus entrichten will. Was auch hierzulande immer mehr Gläubige gerne tun würden, wenn sie sehen, wie ihr Geld für Dinge verwendet wird, die mit katholischen Inhalten eigentlich nichts mehr zu tun haben.

Ja, das ist sicherlich ein Widerspruch. Im Alten Testament gibt es den Zehnten, also den Beitrag, den jemand von dem, was er verdient, für die Priester und den Kult gibt. Die staatlich eingezogene Kirchensteuer hat sich in einem Staat bewährt, in dem die Kirche breit aufgestellt ist und viele soziale Aufgaben übernommen hat. Bisher hat diese Regelung ganz gut funktioniert, und bisher gelang es auch, sie plausibel zu machen. Das kann sich, wie schon gesagt, mit dem zunehmenden Säkularisierungsdruck ändern. Womöglich wird die Kirchensteuer dann in Frage gestellt. Und das wäre aus meiner Sicht nicht nur schlecht und bedrohlich.

X. Station
Die fehlende Opposition

Die übliche Kirchenkritik, wie sie in vielen Medien geübt wird, hat weniger eine Stärkung des Glaubens, sondern die Anpassung an den Zeitgeist zum Ziel. Die gravierenden Missstände etwa in der Katechese werden hier erst gar nicht thematisiert. Mini-Vereinigungen wie »Wir sind Kirche« sind deshalb nur eine Pseudo-Opposition, am Leben gehalten durch die Alimentation bestimmter Fernsehredaktionen, die ihnen mehr Platz einräumen als allen Bischöfen zusammen. Umgekehrt werden wirklich kritische Kräfte konsequent ignoriert. Eine echte Opposition würde etwa auch den Funktionärskatholizismus mit seiner Kungelei, seinem Korpsgeist und der Vielzahl unsinniger Gremien unter die Lupe nehmen. Sie würde so manche mit Kirchensteuergeldern finanzierte Projekte hinterfragen. Sie würde wissen wollen, warum ein »Zentralkomitee der deutschen Katholiken« sich noch immer anmaßt, für alle Katholiken zu sprechen, obwohl dieses Gremium weder gewählt wird noch sich überhaupt annähernd durch eine demokratische Legitimation auszeichnen kann. Und sie würde wohl auch vorbringen, dass die katholische Kirche in Deutschland katholisches Profil verliert.

Ich frage mich jetzt, welche Gestalt diese Opposition überhaupt haben könnte. Wirkliche Reform in der Kirche kommt immer von Menschen, gewissermaßen heiligen Personen, die aus einer tiefen Liebe zur Kirche und einer tiefen Liebe zu den Mysterien handeln. Und das sind in der Regel keine lauten, sondern eher ruhige, stille Menschen.

Innerkirchliche Opposition muss nicht unbedingt nur aus Laien bestehen. Das kann auch ein Bischof, ein Abt oder ein Theologe sein, der sagt: Ich lege jetzt mal den Finger in die Wunde. Weil wir hier endlich die richtigen Veränderungen *brauchen, um, wie Papst Franziskus mit Blick auf die deutsche Kirche wörtlich forderte, endlich »die lähmende Resignation zu überwinden«.*

Gut, das versuche ich da und dort. Ich mache das, was ich für wichtig und für richtig halte, und bringe das auch öffentlich zum Ausdruck. Es gibt hier Themen, die mir sehr, sehr wichtig sind. Aber ich will da nicht einfach nur draufhauen, sondern das auch richtig angehen und vor allem auch in einem Ton sagen, der niemanden verletzt.

Die Geschichte der Kirche kennt freilich auch jede Menge streitbarer, ungestümer Typen, die kein Blatt vor den Mund nahmen. Mitglieder etwa der von Frankreich im 19. Jahrhundert ausgehenden Reformbewegung Renouveau catholique, *die mit kantiger Literatur und Kunst eine geistliche Erneuerung des Katholizismus aus seinen Wurzeln heraus anstrebten. Solche Reformbewegungen brauchen keine große Organisation, aber sie brauchen einen Sound, einen Ausdruck.*

Stimmt. Ich würde hier aber nicht von einer fehlenden Opposition sprechen. Ich würde das so nennen, dass wir einen echten, geistlich tiefen, intellektuell herausfordernden Aufbruch brauchen. Den gibt es punktuell inzwischen bereits, aber noch nicht in der Breite. Es wäre das, was notwendig ist und was uns wirklich helfen könnte.

XI. Station
Die Demission der Mission

Die katholische Kirche in Deutschland unternimmt keinerlei Anstrengung, um die vielen Millionen Menschen zurückzuholen, die ihr in den letzten Jahren den Rücken kehrten. Von einer breiten Mission, etwa in den neuen Bundesländern, erst gar nicht zu reden. Noch nicht einmal um diejenigen »verlorenen Schafe« wird sich gekümmert, die seit Jahren nicht mehr zu einem Gottesdienst kommen. Sie bezahlen brav ihre Kirchensteuer, aber sie bekommen weder jemals eine Einladung noch je einen Besuch. Der ADAC schafft es, seinen 19 Millio-

nen Mitgliedern monatlich ein kostenloses Magazin frei Haus zu schicken. Die reiche deutsche Kirche jedoch lässt eine solche Möglichkeit, bei ihren Mitgliedern Glaubenswissen und Kirchenbindung zu stärken, schnöde links liegen.

Auch hier bin ich wieder zum Teil dabei. Es ist allerdings nicht so, dass wir gar nichts täten. Wer aus der Kirche austritt, bekommt einen Brief vom Pfarrer, wobei das natürlich auch wieder umstritten ist. Diese Menschen werden von Pfarrern, die sich sorgen, besucht oder bekommen eine Einladung zu einem Gespräch. Aber die meisten von ihnen stehen in der Regel bereits am Ende eines Entfremdungsprozesses. Das heißt, hier bräuchte es einen längeren Anlauf. Und ja, da ist sie wieder, unsere Frage: Wie machen wir deutlich, dass der Glaube nicht belanglos ist? Dass er lebensentscheidende Bedeutung hat? Und wo machen wir das deutlich? Das machen wir auch nicht einfach durch Medien oder durch Briefe deutlich, sondern durch Personen und Angebote, die von überzeugten und überzeugenden Personen gestaltet werden.

Aber jede kleinere Firma, die ihre Kundschaft verliert, würde fieberhaft überlegen, wie man das frühere Stammpublikum zurückholen und überzeugen könnte, dass es bei ihr bestens aufgehoben ist.

Aber was soll die überzeugen? Wenn nicht eine Glaubenserfahrung, eine überzeugende Glaubenskommunikation vorhanden ist …

Vielleicht allein schon das Gefühl, nicht vergessen zu sein?

Der Pfarrer vor Ort macht sich durchaus Gedanken um den, der austritt. Aber welche Möglichkeit hat er, außer einem Anruf und zu sagen, wollen wir einmal miteinander reden? Wir haben tatsächlich als Kirche insgesamt nicht die missionarische Kraft, die wir angesichts unserer Manpower, Strukturen und finanziellen Mittel eigentlich haben könnten. Und das ist eine Frage der gläubigen Identität.

Nicht nur. Es ist viele Jahre her, seit Johannes Paul II. die Neuevangelisation des europäischen Kontinents ausrief. Benedikt XVI. hat sie bekräftigt und einen päpstlichen Rat hierfür ins Leben gerufen. Aber wo sind die konkreten Schritte in Deutschland, einem Land, von dem selbst Bischöfe inzwischen sagen, dass es in weiten Teilen Missionsgebiet geworden ist?

Es ist vermutlich eine der unterschwellig tief sitzenden Ängste in der Kirche, als konservativ bezeichnet zu werden. Sobald irgendwelche Gruppen sagen, wir mühen uns um Neuevangelisierung, heißt es bei anderen: Ach, Moment mal! Sie wollen was Besonderes sein! Und wehe, wenn die dann auch noch die Muttergottes verehren und eucharistiefrömmig sind. Dann bekommen sie sofort diesen Stempel »konservativ« – und das ist für manchen Progressiven oder Liberalen so ziemlich das schlimmste Schimpfwort, das es innerkirchlich gibt. Und wenn dann ein Bischof sagt, ich öffne mich denen, fürchtet er womöglich, einen größeren Teil der Katholiken zu vergraulen, denen die Genannten zu fromm sind oder Ähnliches. Das ist in der Tat eine Geschichte, die wir unbedingt überwinden müssen. Denn es ist ja deutlich zu sehen, dass manche Gruppen wachsen, die traditionelle geistliche Frömmigkeitsformen pflegen – und die bewusst einfach nur in der Kirche katholisch gläubig sein wollen, im Sinne unserer Überlieferung.

Braucht es hierzu einen Mentalitätswandel?

Ja, unbedingt. Es ist eines meiner Anliegen, dass wir miteinander auf das blicken, worum es im Kern geht. Und auch schonungslos analysieren, warum manches nicht mehr geht.

XII. Station
Das nicht zur seiner Verantwortung stehen

Bischof Heinz Josef Algermissen von Fulda formulierte in einem bemerkenswerten Beitrag zur Krise des Glaubens: »Ja, wer ist denn verantwortlich dafür, wenn nicht wir?« In jeder Aktiengesellschaft müssen die Vorstände den Hut nehmen, wenn der Wert des Unternehmens ungebremst ins Bodenlose rutscht. Jeder Fußballverein wechselt Trainer, Manager und Vorstand aus, wenn der Verein immer nur absteigt. In der katholischen Kirche werden zwar Angestellte entlassen, wenn sie nicht der kirchlichen Ordnung entsprechen, aber die Bosse selbst bleiben an ihren Sesseln kleben, auch bei erwiesener Unfähigkeit. Die fehlende Bereitschaft des katholischen Establishments, für Fehler und Missstände konkret Verantwortung zu übernehmen, schadet nicht nur der Glaubwürdigkeit, sondern verhindert auch die nötigen Kurskorrekturen.

Also, wir sind kein Unternehmen. Und bei uns geht es nicht um Bezahlung und Karriere, sondern um Berufung. Die Tatsache, dass die Kirche in einer Krise ist, zu der auch wir als Verantwortliche unseren Teil dazu beitragen, hängt auch damit zusammen, dass wir hilflos sind im Blick auf die möglichen Antworten. Zum Beispiel auf die Frage nach dem Rückgang der Priesterberufungen. Wir ringen in den Kommissionen darum, aber de facto müssen wir auch anerkennen, eine Priesterberufung kann man nicht machen, die schenkt Gott. Wir können mithelfen, dass Biotope entstehen, in denen

Priesterberufungen wachsen und gedeihen können. Aber wie entstehen solche? Wir stellen fest, dass die gewöhnliche Pfarrei oft kein solches Milieu mehr ist, wo eine Priesterberufung wachsen kann. Das katholische Internat gibt es nicht mehr. Die kleinen Seminarien, wo Priesterberufungen wachsen, sind weggebrochen. Heute wachsen viele Priesterberufungen in den neuen Bewegungen, und davon kann man lernen. Die Frage ist: Wollen wir davon lernen? Denn dann gibt es natürlich sofort die – manchmal auch berechtigte – Debatte, wie steht die jeweilige geistliche Bewegung zur volkskirchlichen Gemeindestruktur? Was bringt die da rein oder was bringt sie vielleicht durcheinander?

Konkret: Warum werden keine Konsequenzen gezogen, wenn jemand, der von der Bischofskonferenz einen bestimmten Aufgabenbereich zugeteilt bekam, etwa den Bereich Medien, über Jahre hin seiner Aufgabe nur unzulänglich nachkommt?

Von welchem Maßstab aus wird ein solches Urteil gefällt? Ich würde das jedenfalls so nicht sagen. Zudem: Die Bischofskonferenz ist der Zusammenschluss von Bischöfen auf nationaler Ebene – und ihr Vorsitzender ist nicht zugleich der Chef der Bischöfe. Er ist eher ein Moderator des Ganzen und das Gesicht der Bischofskonferenz nach außen. Es gibt derzeit 27 Diözesanbischöfe und 28 Weihbischöfe bei uns, und wenn Sie dann beispielsweise sagen, machen wir mal eine einheitliche Medienarbeit, gibt es mindestens 55 Meinungen dazu, wie man das jetzt am besten machen sollte. Ein weiterer Aspekt des Themas: Wir haben zum Beispiel die Internetseite katholisch.de, und hier ist die Frage: Soll diese Seite jetzt mögliche katholische Inhalte transportieren, die dann auch lehramtlich abgesegnet sind? Oder ist es hier nicht auch die Aufgabe, die Vielfalt dessen, was an kirchlichem Leben da ist, abzubilden – auch die kritischen Implikationen? Das ist ein wirklich nicht leichtes Ringen.

Ein skandalöses Beispiel für das Mediendesaster war der kircheneigene Weltbild-Konzern. Er verkam über die Jahre zu einem Gemischtwarenladen, in dem katholische Inhalte nur noch mit der Lupe zu finden waren. Die beteiligten Bischöfe sahen zu. Als es um eine Restrukturierung ging, blockierten sich die damit beauftragten Vertreter der Kirche gegenseitig. Am Ende wurde das Projekt an die Wand gefahren, ohne dass es für die Verantwortlichen Konsequenzen gab.

Dass es nicht gelungen ist, in einem gemeinsamen Versuch der Bischöfe diesen Konzern wieder erfolgreich zu führen, scheiterte, wie ich glaube, am mangelnden Konsens über die Richtung und an der Vielgestalt der Verantwortlichkeit. Verantwortlich ist am Ende aber auch hier nicht der Vorsitzende der Bischofskonferenz. Die Bischofskonferenz hat in der Tat eine schwierige Struktur. Das ist kein Konzern, kein Unternehmen, und letztlich gibt es auch nur eine geringe Handhabe, jemanden zur Verantwortung zu ziehen. Es ist eher ein Kooperationsgremium für gemeinsame Aufgaben, hat aber kaum Möglichkeiten zur Sanktion.

Ist diese Struktur dann überhaupt noch tauglich angesichts der riesigen Herausforderungen unserer Zeit? Müsste sie umgebaut werden?

Die Frage kann man stellen. Aber die wichtigsten Impulse, die wir in Richtdung einer Erneuerung der Kirche erwarten können, die erwarte ich nicht von der Bischofskonferenz. Ich fahre von dort nach Hause und habe den Eindruck: Wir haben manches besprochen, was wichtig ist, aber für ganz zentrale Kernfragen erwarte ich mir von dort keine Lösung. Es ist ein Arbeitsgremium, aber nicht ein Gremium, in dem wir wirklich in eine gemeinsame Tiefe kommen, aus der heraus dann so etwas wie Erneuerung von kirchlichem Leben initiiert werden könnte. Ich weiß aber auch nicht, ob es das schon einmal war.

Haben Sie in den letzten Jahren erlebt, dass jemand aus den oberen Etagen der Kirchenführung für etwas, was ganz offenkundig nicht gut gelaufen ist, offen die Verantwortung übernahm?

Bei »Weltbild« war das so, dass im Grunde alle sagten, das ist nicht gut gelaufen. Aber das war vor meiner Zeit. Bei der Kommunikation des Themas Missbrauch, mit dem ersten Versuch einer wissenschaftlichen Studie, haben wir ebenfalls eingestanden, das hätten wir besser machen können. Aber wir sind kein Unternehmen. Wir sind auch keine politische Partei. Und ja, auch wir als Bischöfe machen Fehler – und es ist gut, dass man nicht nach ökonomischen oder politischen Regeln einfach in die Wüste geschickt werden kann. Das soll aber nun nicht heißen, dass wir uns andererseits aus jeder Verantwortung einfach herausstehlen können. Wir müssen uns dem freilich auch stellen.

XIII. Station
Die Lauheit der Gläubigen

Man kann in dieser Bestandsaufnahme die Gläubigen nicht außen vor lassen. Die steil formulierte These ist: Es gibt kein »neues Volk Gottes«, von dem viele geträumt hatten, und wenn, dann ist dieses neue Volk gerade im Begriff, sich selbst abzuschaffen. Sein Glaube gleicht immer mehr einer Bastelreligion. Er reicht von Wanderungen auf Pilgerwegen bis hin zum Bachblüten-Seminar. Man sucht sich, was gut gefällt, und man bleibt bei dem, was irgendwie guttut. Kirche wird als Serviceunternehmen verstanden, von Glaubenspflichten hat man Abstand genommen.

Das hat zwei Ursachen. Zunächst einmal: Wer ist verantwortlich für die gläubige Erziehung des Volkes Gottes? Das sind zunächst wir Bischöfe, und das sind die Priester, die Diakone und die Hauptamtlichen in der Pastoral. Dieser Verantwortung stelle ich mich. Und ich will auch meinen Beitrag dazu leisten, dass es besser wird. Die andere Seite ist: Spätestens seit dem Zweiten Vatikanischen Konzil sprechen wir verstärkt von der Selbstverantwortung des Gläubigen. Deshalb hat jeder Katholik die Aufgabe, seinen Glauben zu pflegen, zu vertiefen und sich die eigenen Ressourcen zu suchen, wo der Glaube wachsen kann. Und wenn wir vorhin gesagt haben: Was ist jetzt mit den Verantwortlichen? Die Verantwortlichen kommen ja ebenfalls aus einer säkularisierten Gesellschaft. Das Volk Gottes bringt seine Leiter in seiner jeweils gläubigen Verfassung hervor. Und hier ist es eher die Ausnahme als die Regel, wenn da einer sagt: Wir machen mal ganz was Neues. Aber umso mehr gilt: Wir sind jetzt nun mal in dieser Situation, mit dieser Kirche, mit genau diesen Gläubigen, die wir haben, und mit den Möglichkeiten, die wir haben – und jetzt suchen wir nach Wegen der Erneuerung.

Wenn das Bewusstsein für die Verantwortlichkeit des Einzelnen verlorengegangen ist – müsste man dann nicht stärker darauf hinweisen, dass spirituelle Fitness und Ehrfurcht vor Gott ohne entsprechende Praxis nicht möglich sind?

Keine Frage. Ein Aspekt, woran das besonders deutlich ist, ist die katastrophale Situation im Umgang mit dem Beichtsakrament. Aus seiner Tiefe betrachtet ist das ein riesiger

Schatz für das gläubige Leben. Zuerst für den Glauben der Menschen, dann aber auch als eine Übung der Psychohygiene und natürlich auch für das ethisch-moralische Leben im Volk – und dennoch ist der Zustand des Beichtsakraments in einzelnen Gemeinden quasi desaströs. Die Seelsorgestudie, die vor einigen Monaten abgeschlossen wurde, ergab besorgniserregende Zahlen: Über 50 Prozent der Priester beichten einmal im Jahr oder seltener. Über 70 Prozent der Diakone beichten einmal im Jahr oder seltener. Über 80 Prozent der hauptamtlichen Pastoralassistenten und -referenten beichten einmal im Jahr oder weniger. Über 90 Prozent der Gemeindereferenten und -referentinnen beichten einmal im Jahr oder weniger. Das heißt, selbst bei unserem hauptamtlichen Personal gibt es einen flächendeckenden Ausfall des Beichtsakraments. Wie sollen die, die das selbst nicht praktizieren, den Menschen, dem gläubigen Volk, helfen, dahin zu finden?

Wie oft beichtet Bischof Oster?

Ich versuche vierzehntäglich zu beichten. Klappt nicht immer, aber dann wenigstens einmal im Monat.

Zur Lauheit der Gläubigen – ist da ein Dammbruch passiert?

Es ist jedenfalls ein dickes Brett, das wir da bohren. Ich spüre auf den Konferenzen mit unseren Mitarbeitern oder auf Veranstaltungen: Ja, die Leute hören mir schon zu, aber wenn ich von Erneuerung des Glaubens rede oder von Vertiefung und Christusbeziehung, von persönlicher Verantwortung und geistlichem Wachstum, dann ist die erste Reaktion oft: Aber Herr Bischof, wir machen doch schon so viel, was sollen wir denn noch alles machen? Dass es so etwas wie die Notwendigkeit für geistliches Wachstum gibt, Übungen und Fortschritte im geistlichen Leben, das ist oftmals gar nicht auf dem Schirm. Und das hat übrigens auch nicht zuerst etwas mit zusätzlich »machen« zu tun, sondern mit innerer Haltung, mit Liebe zu Jesus.

Haltung und religiöse Courage sind allerdings immer seltener zu finden. Denn während wir einerseits jeden Angriff auf die rechtliche Verfassung unseres Landes zurückweisen, nehmen wir die Angriffe auf das spirituelle Grundgesetz achselzuckend in Kauf. Es gibt heute weder eine Gestapo noch KZs. Niemand kommt bei uns ins Gefängnis, wenn er sich zu seinem Glauben bekennt. Aber während wir in Feierstunden gerne der Nazigegner gedenken, die aus christlichem Geist heraus Widerstand leisteten, bleibt heute der Widerstand gegen die Zerstörung der christlichen Fundamente aus, die doch eigentlich jeder sehen kann?

Meinen Sie wirklich, dass es jeder sehen kann? Und vor allem: dass es jeder sehen will?

Na ja, man müsste schon auf beiden Augen blind sein, um das Diktat eines letztlich antichristlichen Weltbildes in Kultur, in der Politik, in den Moden, in den Denkvorgaben, die unseren Lifestyle beherrschen, noch übersehen zu können. Einige Medien führen dezidiert einen Propagandakrieg gegen christliche Überlieferungen, wenn Jahr für Jahr speziell zu den hohen christlichen Festtagen alles verhöhnt und in Frage gestellt wird, was Gläubigen heilig ist. »Die Religion, die heute gilt«, triumphierte ein Leitartikler, »ist die Religion der Zivilgesellschaft«, was immer das auch sein mag. Auf einer Veranstaltung mit Akademikern in München meinte kürzlich der Referent genussvoll, man sei ja heute Humanist, und es sei sicherlich keiner im Saal, der sich noch als so etwas wie ein Christ sehen würde. Niemand protestierte. Bis auf eine einzige Frau, die mutig aufstand.

Aber jetzt schauen Sie: Ich bin Leiter eines Bistums, Sie sind das Haupt einer Familie. Jeder hat dort, wo er steht, Verantwortung. Auch für das Thema: Wie bezeuge ich meinen Glauben? Und ich kenne Hunderte von engagierten, gläubigen und beherzten Katholikinnen und Katholiken, die darunter leiden, dass es nicht mehr gelingt, den Glauben an die nächste, geschweige denn an die übernächste Generation weiterzugeben. Auch da erleben wir ganz große Hilflosigkeit. Die Verantwortung liegt vor Ort. Bei mir liegt die Verantwortung für das ganze Bistum. Jetzt können Sie mir sagen: Herr Bischof, was tun Sie dafür, dass die Kinder und Jugendlichen wieder in die Kirche gehen? Dann muss ich zurückfragen: Ja, was machen Vater und Mutter, dass die Kinder wieder in die Kirche gehen? Zudem: Mein erster Wunsch ist gar nicht, dass sie in die Kirche gehen, nur damit sie auch da sind. Mein erster Wunsch ist, dass sie in einer persönlichen Erfahrung dem Herrn begegnen. Tun Sie etwas dafür?

Liegt es in der menschlichen Natur, dass wir immer wieder von diesem Gott abfallen und uns eigene Götter suchen? Oder liegt es am biblischen Glauben selbst, von dem viele sagen, er passe nicht mehr in die Zeit, so dass immer mehr Menschen ihr Heil etwa im Buddhismus oder in esoterischen Angeboten suchen?

Die zweite Frage möchte ich verneinen. Der biblische Glaube ist ein Glaube der Wahrheit, der Liebe, er will den Menschen befreien. Zweifellos aber liegt es in der menschlichen Natur, sich immer wieder eigene Götzen zu bilden. Ich weiß nicht, ob das noch bewusst ist, aber unsere Lehre vom Menschen sagt uns: Es gibt eine Dimension des Egos in mir – der alte Adam, die alte Eva –, die sterben muss, damit wir wirklich zu Jesus kommen. Die Frage ist: Bin ich bereit dazu? Oder ist auch meine Gläubigkeit eigentlich ebenfalls nur ein Versuch, mein Ego zu stabilisieren und sich am Ende sogar damit zu schmücken? So in dem Sinn: »Ich bin Fan des FC Bayern, ich gehe ins Theater und ich bin irgendwie auch noch moderner Katholik. Das passt zu meiner Biographie!« Aber ehrlich: das hat mit wirklichem Glauben nicht viel zu tun!

Wir sagen manchmal: »Das und jenes ist meine Spiritualität – und das und das ist nicht meine Spiritualität.«

Als ob Spiritualität irgendwas wäre, was man sich im Supermarkt aussuchen könnte, um damit sein Ego ein wenig zusätzlich zu dekorieren. Jesus sagt aber zu mir, ich muss sterben, um zu leben. Wer aber sein Leben gewinnen will, wird es verlieren. Und wir machen stattdessen andauernd Versuche, vordergründig oder hintergründig, ja nicht sterben zu müssen – aber vielleicht dennoch ein bisschen so ähnlich auszusehen wie ein Christ. Übrigens eine Gefahr für jeden Verkündiger. Ich denke mir manchmal, im Grunde kann man Jesus echt und ernsthaft nur verkündigen, wenn man sich ihm schon ganz gegeben hat. Wenn das nicht der Fall ist, ist die Gefahr, dass man ihn für sich und die eigene Selbstdarstellung gebraucht und missbraucht, unausweichlich.

Eine ganz hohe Latte für einfache Landpfarrer ...

Der einfache Landpfarrer war der Pfarrer von Ars. Der hat das so gelebt.

Ich möchte an dieser Stelle eine Diskriminierung ansprechen, die völlig missachtet wird. Das ist die Diskriminierung der »Armen im Geiste«, dieser einfachen Frommen, die gar nicht so arm sind, sondern auf besondere Art unermesslich reich. Ihr Glauben gibt ihnen eine Vornehmheit, die anderen abgeht. Sie haben das, »was den Weisen verborgen bleibt«, wie Jesus wusste. Es sind jene, die trotz aller Anfeindungen treu zur Kirche stehen und dafür als engstirnige Gestrige verspottet werden.

Es ist ein Geheimnis, dass die einfache Bauersfrau im Bayerischen Wald einen viel tieferen Glauben haben kann als der berühmteste Theologieprofessor in München oder in Oxford. Gott hat andere Maßstäbe als wir mit unserer weltlichen Weisheit oder medialen Draufsicht. Ja, vielleicht ist das in seinen Augen eine Königin – und zwar in einem Übermaß im Verhältnis zu dem, der im Geist der Welt klug sein will, aber vielleicht subkutan den Glauben verrät.

2

In Deutschland geht man auf das Luther-Jahr 2017 zu. Ist es nicht ein unerhörter Skandal, dass es trotz des dramatischen Zusammenbruchs christlicher Kultur und christlichen Glaubens nicht die Spur eines alliierten Widerstands gibt? Katholische und evangelische Kirche sind noch nicht einmal dazu fähig, gemeinsam ethische Werte zu verteidigen, die sich aus dem Evangelium ergeben.

Das kann man so nicht sagen. Wir haben zum Beispiel in Bayern mit dem evangelischen Landesbischof und seinen Regionalbischöfen eine Kampagne gegen die Missstände in der Situation der Pflege gemacht. Wir haben uns gemeinsam zu wirtschaftlichen Fragen geäußert oder etwa auch in der Sterbehilfe-Debatte. Bei der Frage allerdings, was wir eigentlich tun, um den Menschen zu helfen, im Glauben zu bleiben, wird, wenn wir ökumenisch miteinander reden, nach meinem Gefühl die Hilflosigkeit nicht kleiner, sondern noch größer. Um dort auf einen gemeinsamen Nenner zu kommen, das ist echt kompliziert. Andererseits sieht man, wenn man C. S. Lewis liest, den ich sehr liebe, dass es unzählige Möglichkeiten gibt, wo ernsthafte Christen aus allen Lagern und Konfessionen gemeinsam sagen können: Ja, das ist richtig, das ist der Punkt. Für Lewis war einfach wichtig zu sagen: Ich möchte jetzt nur mal ganz simpel zum Kern des Christlichen gehen und ich nehme jetzt mal die Texte ernst.

Nach Ansicht vieler römisch-katholischer Bischöfe haben Teile der protestantischen Kirchen unter dem Druck der Moderne ihre eigenen Traditionen längst aufgegeben. Wäre das Jubilä-

um nicht auch ein Anlass, eine größere Ehrlichkeit in das Verhältnis zwischen katholischer und evangelischer Kirche zu bringen? Braucht die protestantische Kirche nicht ebenfalls einen Reinigungsprozess, um sich überhaupt wieder an der Ökumene beteiligen zu können?

Ja, aber wer soll denn diesen Prozess initiieren? Es gibt unterschiedliche Gruppen. Die bekennenden evangelischen Christinnen und Christen, die Evangelikalen, die Lutheraner und so weiter. Wer ist da die Stimme, die sagt: Auf dieses und jenes können wir uns einigen? Der Vorsitzende der EKD ist es nicht. Er ist oberster Repräsentant einer Glaubensgemeinschaft, aber er ist nicht der Herr seiner evangelischen Landeskirchen. Wie soll so ein Reinigungsprozess gehen? Das ist strukturell unmöglich.

Der Spalt ist ja tatsächlich weit größer, als man zugibt. Wäre es da nicht ehrlicher, die Ökumene in der bisherigen, so lauwarmen und fruchtlosen Weise für beendet zu erklären? Oder zumindest einmal ein Moratorium, eine Denkpause, einzulegen?

Nein. Das sind unsere Brüder und Schwestern. Jesus hat nur eine Kirche gegründet, und dazu gehören alle Getauften, wir alle zusammen. Das sind meine Geschwister im Glauben. Aber natürlich habe ich den Eindruck, es gibt welche, die sind innerlich weiter weg von mir, und es gibt andere, die mir innerlich näher sind. Und umgekehrt fühlen sich auch bei den Protestanten die einen näher an uns dran, die anderen weiter weg. Aber wir müssen miteinander auf dem Weg bleiben. Der Herr will Einheit. Wir haben gar keine andere Alternative als ökumenisch miteinander zu beten und zu sprechen und Wege zu suchen.

Zum Luther-Jubiläum sagt Kardinal Kurt Koch, der Ökume-
ne-Beauftragte von Papst Franziskus: »Wir können die ge-
wachsene ökumenische Verständigung feiern, aber auf keinen
Fall die Kirchenspaltung, die auch Luther nicht gewollt hat.
Luther wollte die Kirche erneuern, nicht aber eine neue Kir-
che gründen.« Sollte mit dem Jubiläum nicht auch über die
schrecklichen Folgen des Schismas gesprochen werden, über
Kriege, Not, Hass und gegenseitige Verleumdung? Und nicht
zuletzt über den Bruch, der damit von Deutschland aus um
den Erdball ging und die Deutschen bis heute als eine zerrisse-
ne Nation hinterließ?

Meine Überzeugung ist: Wir können die Spaltung nicht überwinden, ohne in die Demut, in die Tiefe, in die Armut zu
kommen und uns vom Heiligen Geist führen zu lassen. Ein
Ansatzpunkt wäre: Was ist das Gute, was wir vom anderen
empfangen können? Und positiv ist ohne Frage, dass wir
durch unsere evangelischen Geschwister einen Hinweis bekommen auf die Zentralität des Wortes Gottes. Ob dieser
Kernpunkt für den Protestantismus heute selbst noch so zentral ist, ist eine andere Frage. Wenn wir die neueren Positionen der EKD zu Ehe und Familie anschauen, habe ich da meine Zweifel.
Luther hat uns jedenfalls gesagt: Hier, die Bibel als das Wort
Gottes, was steht da eigentlich drin? Das sollte man zunächst
einmal dankbar annehmen. Für gewöhnlich bekommt bei uns
Katholiken jemand zur Erstkommunion, zur Hochzeit oder
zur Firmung eine schöne Ausgabe der Heiligen Schrift, und
die steht dann bei seiner Beerdigung oftmals immer noch genauso im Schrank, originalverpackt, plastikverschweißt. Wir
haben im Allgemeinen kein wirkliches Verhältnis zum Wort
Gottes. Hier bin ich unseren protestantischen Geschwistern
zutiefst dankbar, dass sie da immer wieder den Finger in die
Wunde legen.

Wir können auch sagen: Wir danken dafür, dass ihr uns darauf hingewiesen habt, dass es in unserer Kirche viele geistliche Missstände gab. Auf das Ablasswesen in seiner Pervertierung zum Beispiel – ganz unabhängig von der theologischen Bedeutung des Ablasses – und die skandalösen Auswüchse, die damit einhergingen. Da hat Luther zu Recht Anklage erhoben. Manche Leute sagen sogar, auch das Zweite Vatikanische Konzil wäre in bestimmten Fragen ohne Luther so nicht denkbar gewesen. Dass er in vielen anderen Dingen, etwa in Bezug auf den Zölibat, den er nicht wirklich verstanden hat, oder auch im Verständnis des Judentums, kein Heilliger war, gehört natürlich auch zur Wahrheit …

In der Tat war Luther voller Judenhass, was nicht ohne Folgen blieb. Ich erinnere nur an die NS-treuen »Deutschen Christen« die unter Hitler die evangelischen Kirchen dominierten. Oder an das 1939 auf der Wartburg unter Beteiligung aller evangelischen Landeskirchen gegründete Eisenacher »Entjudungsinstitut«, das die »Entjudung von Theologie und Kirche« betrieb und unter anderem ein »entjudetes« Neues Testament auf den Markt brachte. Luther selbst verkündete ein grausames »Entjudungs«-Programm. Darin heißt es: »Erstlich, daß man ihre Synagogen und Schulen mit Feuer anstecke und, was nicht brennen will, mit Erde überhäufe und beschütte, daß kein Mensch einen Stein oder Schlacke davon sehe ewiglich. Und solches soll man tun, unserm Herrn und der Christenheit zu ehren, damit Gott sehe, daß wir Christen seien. Zum anderen, daß man auch ihre Häuser desgleichen zerbreche und zerstöre. Denn sie treiben eben dasselbige drinnen, das sie in ihren Schulen treiben.« Luthers Pamphlet »Von den Juden und ihren Lügen« erschien 1936 ausgerechnet im Christian-Kaiser-Verlag, dem Verlag der »Bekennenden Kirche«.

Aber ich denke, das wird von den Protestanten jetzt sehr selbstkritisch aufgegriffen. Grundsätzlich ist Luthers erneute Betonung der Rechtfertigung aus dem Glauben auch ein Geschenk für uns. Der Katholik neigt eher zur Selbstrechtfertigung durch Taten. Im Sinne von: »Ich mach so viel, lieber Gott, das musst du doch gut finden! Und deshalb verdiene ich doch deine Gnade!« Umgekehrt gibt es, wie ich häufig erlebe, bei den evangelischen Christen die Versuchung, sich ihrer Identität durch die Abgrenzung zu versichern. Wenn wir fragen: »Was ist denn eigentlich evangelisch?«, dann bekommt man sehr häufig zur Antwort: »Wir haben keinen Papst, wir haben keine Marienverehrung, wir haben keine Heiligenverehrung, wir beten nicht für die Toten.« Man hat dann bei einigen den Eindruck, sie brauchen uns Katholiken, um sagen zu können, wer sie sind. Das ist sicherlich nicht das durchgängige Bild des Protestantismus, aber die Folge ist oft eine Ökumene der Profilierung, eine Ökumene der Abgrenzung: Ich muss erst mal zeigen, wer ich selbst bin in der Abgrenzung zu dir. Erst dann können wir ins Gespräch finden.

Die Katholiken machen das schon auch, oder?

Ich will uns da jetzt nicht auf einen Schild heben, aber ich habe den Eindruck, wir sind darin gelassener. Man sagt ja manchmal ein bisschen polemisch: Das eine ist die Kirche des Wortes, das andere die Kirche des Sakramentes. Der Unterschied ist tatsächlich, dass bei uns das Verständnis von Kirche tief ins Mysterium hineingehört. Kirche ist für Katholiken Ort der Anwesenheit Gottes. Die Muttergottes als das Bild für Kirche bedeutet, unsere Kirche hat mystische Tiefe. Und sie steht deshalb auch nicht in unserer Verfügungsgewalt. Bei Luther lebt zwar die Kirche aus dem Wort Gottes, aber sie ist sehr viel stärker auch »ein weltlich Ding«, zumindest, wie sie hier in der Welt organisiert ist – und sie ist nach Luthers Verständnis deutlicher unterschieden von der eigentlichen, der himmlischen Kirche. Das ist anders als bei uns. Wir glauben auch die Kirche selbst als eine Art Sakrament, das heißt: hier ist der Himmel verborgen schon da!

Der Unterschied zeigt sich dann auch in einem evangelischen Gottesdienst. Da ist ganz viel Wort, ganz viel intellektuelle Auseinandersetzung mit der Bibel. Und ich habe dann manchmal den Eindruck, das ist wie eine Art Selbstvergewisserung. Das Wort Gottes ist nicht einfach in einer tieferen Gelassenheit schon da, weil das Mysterium der Kirche schon da ist, in das ich eintreten darf. Sondern Kirche wird hier stärker soziologisch-organisatorisch verstanden. Sie kommt zwar schon durch das Wort Gottes zustande, aber diese Konstellation – weltlich Ding von unten, Wort Gottes von oben – ergibt eine Versuchung, die da lautet: »Wir müssen jetzt ganz viele Wörter machen, um uns darin selbst zu bestätigen, dass und wie wir Kirche sind – und dass Gott in seinem Wort da ist.«

Freilich: Das ist jetzt eine sehr grobe Ekklesiologie, die dem Ganzen natürlich nicht gerecht wird. Zudem haben auch wir Katholiken unsere eigenen Versuchungen, vor allem die, dass wir den Geheimnischarakter, von dem ich sprach, auch nicht mehr glauben wollen – und dann ebenfalls Kirche stärker soziologisch beschreiben. Aber etwas vom Grundgegensatz der beiden Kirchenauffassungen ist in dem Gesagten schon berührt.

Die Kraft des Christentums, die es zur Weltreligion werden ließ, liegt in seiner Synthese von Erkenntnis, Glauben und Leben. Die christliche Religion überzeugte einerseits durch ihre Vernunft, andererseits durch die Botschaft von Liebe und Versöhnung und die Ausrichtung des Handelns auf die Fürsorge. Das war gemeint, als der Apostel Paulus das Christentum mit dem Anspruch verkündete, die religio vera, *die wahre Reli-*

gion, zu sein. In einem zunehmend multikulturellen und multireligiösen Europa – gilt da der Anspruch des Christentums noch, religio vera zu sein? Oder ist er sogar ein Hemmnis für Toleranz und Gleichheit?

Dieser Anspruch steht und fällt mit der Person Christi und der Frage: Ist es möglich, diese Person zu kennen, zu erkennen, ihr zu begegnen? Und zwar nicht im Sinne von: Ich mache mir ein Jesusbild, wie ich es gerne hätte, sondern wie uns das der Glaube überliefert, wie uns die Kirche und die Schrift das schenken. Ist es möglich, mich von diesem Jesus berühren zu lassen? Wenn das möglich ist – und die christliche Urerfahrung lautet: Ja, das ist möglich! –, dann hat sich die Frage nach der Wahrheit erledigt, weil Er schlichtweg die Wahrheit ist. Es gibt keine Alternative zu Ihm. Im Grunde gibt es am Ende nur zwei Alternativen: Erschaffe ich mir selbst ein Gottesbild, das mir passt, das mir zur Verfügung steht, das ich nach meinen Bedürfnissen forme? Oder stelle ich dem lebendigen Gott mein Leben und mein Herz zur Verfügung, auf dass Er es nach dem Maßstab Seiner Wahrheit und Seiner Liebe formen kann? Das Erste ist Götzendienst, das Zweite ist Gottesdienst.

Was heißt das genau: ER ist die Wahrheit?

Die Wahrheit kommt in der Gestalt einer Person daher, die sich radikal hingibt, sich opfert, die absolute Liebe ist. Das heißt, der Absolutheitsanspruch des Christentums bezeugt sich letztlich ebenfalls nur durch Menschen, die Hingabe leben, weil sie das aus sich heraus erlebt und erfahren haben. Jemandem anderen die Wahrheit drüberzuziehen wie einen Knüppel hat nichts mit Christentum zu tun. Entweder ich bin kraft der Wahrheit, die ich erfahren habe, in der Lage, dem anderen die Füße zu waschen, oder es ist verfehlt. Und wenn wir von hier fragen: Wie können wir Erneuerung in der Kirche voranbringen?, muss man sehen: Der Weg Jesu, sich selbst als der zu bezeugen, der er ist, als Gottessohn, als lebendige Wahrheit und Liebe, dieser Weg endet am Kreuz. Aus dem Kreuz strömt alle Kraft. Daher: Wie viel sind wir bereit, für unseren Glauben zu geben? Eben nicht einfach, um etwas durchzusetzen, sondern um mit unserem ganzen Leben zu sagen: Ich diene dem Herrn? Daraus strömt die Kraft – auch die Kraft der Erneuerung!

Große Heilige sind dadurch hervorgetreten. Ein Franz von Assisi, ein Karl Borromäus oder Philipp Neri, eine Theresa von Ávila. Eine vom burgundischen Benediktinerkloster Cluny ausgehende Bewegung brachte eine Wende im sogenannten dunklen Jahrhundert zwischen 880 und 960, als das kirchliche Leben moralisch auf einen Tiefpunkt gesunken war und sich schwere Missstände entwickelt hatten. Der Ausgangspunkt aller echten Reformen hatte ein gemeinsames Kennzeichen: Rückbesinnung auf das Evangelium, Intensivierung des geistlichen Lebens und Befreiung aus der weltlichen Abhängigkeit.

Und die Ironie der Geschichte ist, dass Cluny durch den Erfolg seiner Reformbemühungen irgendwann so mächtig wurde, dass dann Bernhard von Clairvaux kam und gesagt hat: Wir machen das anders!, und mit den Zisterziensern eine neue Reform auf den Weg brachte. Cluny war seinen eigenen Grundsätzen nicht treu geblieben. Auch das Anliegen von Papst Franziskus ist es, in eine authentische Armut zu finden, in eine authentische Christusbeziehung und ein authentisches Gebetsleben. Es war nicht von ungefähr, dass die einzige Bitte, die die Jünger ihrem Jesus stellten, als sie ihn ausdrücklich als Lehrer ansprachen, lediglich lautete: »Herr, lehre uns beten.« Sie sagten nicht: Herr, lehre uns, wie man Lepra heilt; oder wie man den Dämon XY austreibt; oder wie man den Berg von da drüben nach dort versetzt, sondern: »Herr, lehre uns beten.«

Ist der Zugang zur persönlichen Gottesbeziehung und letzt-
lich die Erfahrung all dessen, was Glaube im Grunde aus-
macht, mit einem einzigen Wort zu sagen: beten?

Ja. Aber welches Beten? Wie geht das? Die Jünger Jesu waren
ja keine Leute, die noch nie ein Gebet gesprochen hätten. Sie
gehen in die Synagoge. Sie kennen die jüdische Liturgie. Was
sehen sie an Jesus, an seinem Gebet, dass sie lernen wollen?
Was spüren sie an der Qualität seines Betens, dass sie ihn hier
als Lehrer um die entsprechende Unterweisung bitten? Meine Antwort darauf – oder der Versuch einer Antwort – ist: Sie
sehen seine Intimität, seine Nähe, seine Freundschaft zum
Vater. Wie er in seinem Beten aus der Gegenwart des Vaters
lebt.
Das kostbarste Wort, das uns Jesus geschenkt hat, ist: *Abba,
Vater.* Und ich hätte so gerne Ihn mal gehört, wie das klingt,
wenn Jesus »Vater« sagt, was Er da alles reinlegt in dieses
Wort. Ein Wort, das dieses tiefe Kennen und Beziehungsleben
mit dem Vater enthält und ausdrückt. Die Jünger wollen
ebenfalls in die Qualität der Intimität seiner Beziehung zum
Vater eintreten, in diesen geistlichen Innenraum. Das ist im
Grunde der »Ort« von Gebet. Und Jesus eröffnet ihnen, wie
es geht: »Bleibt in mir!«, sagt Er. Das heißt, in der Nähe, in
der Freundschaft, in der Intimität zu Ihm.
Welche Qualität also, welche Kraft, welche Tiefe, welche Innerlichkeit hat unser Beten? Das ist die Frage aller Fragen;
oder zumindest eine der wichtigsten Fragen, die wir uns als
Christen zur Erneuerung von uns und unserer Kirche einander stellen müssen. Und die wir vor allem auch dem Herrn
stellen können: »Herr, lehre uns beten!« Es ist im Grunde die-
selbe Frage, die der Auferstandene dreimal dem Petrus stellt:
»Liebst du mich?«
Aber dazu müssen wir in die Armut vor Ihm. Der erste Satz
in der allerwichtigsten Rede, die Jesus nach dem Bericht der

Evangelien hält, heißt: Selig, die arm sind im Geist – in der Einheitsübersetzung heißt es »arm vor Gott« –, denn ihnen gehört das Himmelreich.

Armut im Geiste, was bedeutet das genau?

Man kann das verdeutlichen an der Qualität eines Zuhörers. Wir alle kennen Menschen, die wirklich zuhören können. Und wir kennen die viel häufigere Erfahrung, dass Menschen nicht so gut zuhören können. Ein wirklicher Zuhörer ist gewissermaßen innerlich leer, innerlich arm im Augenblick seines Hörens, weil er seinem Gegenüber einen Reichtum zutraut, den er dann innerlich aufnimmt und gewissermaßen mitvollzieht. Arm vor Gott heißt: Ich glaube in der Tiefe meiner Seele, dass das Wichtigste in meinem Leben von Gott kommt. Die Fähigkeit zur Freundschaft, zur Liebe, zur Treue, zum Glauben, die innere Ordnung, das Wachstum der Weisheit, die Fähigkeit, ein reines Herz zu haben – das kommt alles von Gott. Das habe ich nicht aus meinem eigenen Reichtum, aus meinem eigenen menschlichen Vermögen. Mit anderen Worten: Lerne ich es, so vor Gott zu sein, dass ich Ihn ernst nehme als einen, der in mein Leben hineinsprechen kann? Und dass ich dabei ein Empfangender bin, ein Armer, der weiß, dass er das Wichtigste von dorther empfängt? Das, so glaube ich, ist eine der Kerndimensionen von arm im Geist sein, als Haltung. Und das ist eben zuallererst eine Gebetshaltung.

Am Wendepunkt seines öffentlichen Wirkens wurde Jesus in Kafarnaum von der großen Menge seiner Anhänger verlassen, weil er klarmachte, er sei nicht der Messias in der Art, wie sie sich einen Erlöser vorgestellt hatten. Seinen Jüngern stellt er nun die entscheidende Frage: Und ihr, für wen haltet ihr mich? Wollt auch ihr mich verlassen?

Die entscheidende Frage des Lebens für jemanden, der seinen Glauben auch nur halbwegs ernst nimmt, ist nicht – auch wenn das provozierend klingen mag –, welche Frau, welchen Mann soll ich heiraten, welchen Beruf soll ich ergreifen, was passiert mit meinen Kindern? Die wichtigste Frage ist: Wer ist Jesus Christus für mich? Wenn Jesus Gott ist und wenn Er für uns gestorben ist, gibt es in unserem Leben keine wichtigere Frage. Und auch keine wichtigere Antwort als die, die wir darauf geben können. Denn »du sollst den Herrn, deinen Gott, lieben mit ganzem Herzen, ganzer Kraft, all deinen Gedanken.« Und wen bitte soll ich als den Herrn, meinen Gott, lieben? Niemand anderen als Jesus!

Ist das auch eine Entscheidungsfrage?

An Christus scheiden sich die Geister. Das sagt schon der alte Simeon, als er im Tempel von Jerusalem Maria und Joseph mit ihrem neugeborenen Sohn begegnet. Jesus Christus ist das Zentrum der Geschichte. An ihm entscheidet sich das Leben jedes Einzelnen und die ganze Weltgeschichte. Das ist unfassbar, aber so ist es.

»Kafarnaum«, die Wende in der Jesus-Bewegung – ist das auch die Frage unserer Zeit?

Ja, die Frage unserer Zeit, unserer Kirche ist: Wer ist Jesus Christus für uns?

Heute genügt es nicht mehr, das Christentum einfach so hinzustellen, als habe die Kirche einen Anspruch darauf, dass die Menschen ihr folgen müssten. Es gilt, zu argumentieren, zu überzeugen. Mit Inhalten, mit dem eigenen Leben. Ist die dramatische Krise des Glaubens und der Kirche nicht auch eine gewaltige Chance?

Ja, es ist eine Chance, und ich glaube auch, dass es eine große Sehnsucht nach authentischem Glauben gibt. Niemand darf freilich denken, dass wir jetzt schnell die großen Massen bewegen könnten. Mein Anliegen ist: Sehnsucht wecken – und hoffen, dass einige mitgehen. Und vielleicht wächst der Kreis von innen nach außen. Zugleich kann ich mir aber auch vorstellen, dass es so etwas wie Erweckung gibt, einen neuen geistlichen Aufbruch. Wenn man sieht, was durch Franz von Assisi oder durch Ignatius von Loyola möglich geworden ist, gilt es immer, zu hoffen, dass uns viel von oben zufällt. *Zufall* ist in diesem Sinn ein anderer Name für Gott. Da kommt der arme Poverello aus Assisi daher und fängt an, die Kirche wieder aufzubauen, und sagt: Da steht das und das im Evangelium, das machen wir jetzt genauso. Und läuft arm und mittellos durch die Welt und erzählt den Menschen von der Liebe Christi. Und sie sind ihm in Scharen gefolgt. Ein Aufbruch sondergleichen. Um so etwas bete ich auch – damit viele Menschen den Herrn als ihren eigentlichen Lebensinhalt entdecken.

Lassen Sie mich zum Abschluss dieses Kapitels eine längere Passage aus »Glaube und Zukunft« von Joseph Ratzinger zitieren. Das Werk stammt aus dem Jahr 1970, da war der spätere Papst noch Professor in Regensburg. Es ist eine jener Prophetien, wie man sie aus biblischen Büchern kennt. Sie ist nicht nur zutreffend, sondern zeigt auch, welche Hoffnungen mit der Krise von heute verbunden sein können:
»Aus der Krise von heute wird auch dieses Mal eine Kirche von morgen hervorgehen, die viel verloren hat. Sie wird klein werden, weithin ganz von vorne anfangen müssen. Sie wird viele der Bauten nicht mehr füllen können, die in der Hochkonjunktur geschaffen wurden. Sie wird mit der Zahl der Anhänger viele ihrer Privilegien in der Gesellschaft verlieren ... Es wird eine verinnerlichte Kirche sein, die nicht auf ihr poli-

tisches Mandat pocht und mit der Linken so wenig flirtet wie mit der Rechten. Sie wird es mühsam haben. Denn der Vorgang der Kristallisation und der Klärung wird ihr auch manche gute Kräfte kosten. Er wird sie arm machen, zu einer Kirche der Kleinen sie werden lassen. [...] Der Prozess wird langsam und mühsam sein ... Aber nach der Prüfung dieser Trennungen wird aus einer verinnerlichten und vereinfachten Kirche eine große Kraft strömen. Denn die Menschen einer ganz und gar geplanten Welt werden unsagbar einsam sein. Sie werden, wenn ihnen Gott ganz entschwunden ist, ihre volle, schreckliche Armut erfahren. Und sie werden dann die kleine Gemeinschaft der Glaubenden als etwas ganz Neues entdecken. Als eine Hoffnung, die sie angeht; als eine Antwort, nach der sie im Verborgenen immer gefragt haben ... Sie wird wohl nie mehr in dem Maß die gesellschaftsbeherrschende Kraft sein, wie sie es bis vor kurzem war. Aber sie wird von neuem blühen und den Menschen als Heimat sichtbar werden, die ihnen Leben gibt und Hoffnung über den Tod hinaus.«[1]

Wunderbar. Unglaublich. Großartig. Aber man darf das auch nicht missverstehen. Die »Kirche der Kleinen«, das ist keine Elitekirche. Das ist die Kirche jener Kleinen, die alle Hoffnungen auf Gott setzen. Der Armen vor Gott, der Armen im

---

1 Und weiter im Text: »Die Zukunft der Kirche kann und wird auch heute nur aus der Kraft derer kommen, die tiefe Wurzeln haben und aus der reinen Fülle ihres Glaubens leben. Sie wird nicht von denen kommen, die nur Rezepte machen. Sie wird nicht von denen kommen, die nur dem jeweiligen Augenblick sich anpassen. Sie wird nicht von denen kommen, die nur andere kritisieren, aber sich selbst als unfehlbaren Maßstab annehmen. Sie wird also auch nicht von denen kommen, die nur den bequemen Weg wählen ... Sagen wir es positiv: Die Zukunft der Kirche wird auch dieses Mal, wie immer, von den neuen Heiligen neu geprägt werden. Von Menschen also, die mehr wahrnehmen als die Phrasen, die gerade modern sind.« (Joseph Ratzinger: Glaube und Zukunft. © 2007 Kösel-Verlag, München, in der Verlagsgruppe Random House GmbH)

Geiste. Die so entschieden sind, dass sie nicht elitär sind, sondern jeden lieben können, jeden mitnehmen wollen – aber gleichzeitig nicht bereit sind, etwas von dem, was ihr Innerstes ist, preiszugeben.

In dieser Art gibt es längst auch eine neue, aber noch wenig beachtete Generation von Katholiken, die jenseits der herkömmlichen Milieus das Christentum wieder aus seinen Schätzen heraus entdecken; nicht als ein Rollback, sondern als eine Renaissance des Glaubens. Auffallend ist, dass diese neuen Initiativen regelrecht aus allen Nähten platzen. Manches erinnert dabei an die schon genannte Renouveau catholique, die eine Erneuerung durch die Werte eines ursprünglichen Katholizismus zum Ziel hatte. Dieser Bewegung gehörten Geistesgrößen wie Georges Bernanos, Léon Bloy, Paul Claudel, Julien Green, Charles Péguy an, aber auch ein T. S. Eliot, Graham Greene und Gilbert K. Chesterton; in Deutschland unter anderen Stefan Andres, Werner Bergengruen, Gertrud von Le Fort und Reinhold Schneider.

Solche Initiativen schaffen es, glaube ich, etwas aufzubrechen und zu sagen: Worum geht es denn eigentlich im Herzen? Ist es möglich, dem Herrn zu begegnen in dieser Zeit, in dieser Welt, in deinem persönlichen Leben. Sie bringen damit gewissermaßen die Menschen wieder mit dem Geschmack des Glaubens, mit dem Geschmack der Gegenwart Gottes in Berührung. Das ist eigentlich das A und O jeder Erneuerung.
Und wenn wir diese Tiefe nicht erreichen und das Evangelium nicht neu und herausfordernd verkünden, bleiben wir nur mehr eine Art Dienstleister, der vor allem die Bedürfnisse derjenigen bedient, die ohnehin schon da sind; Bedürfnisse, die aber oftmals eher mit der Stabilisierung von falschen Selbstbildern zu tun haben als wirklich mit dem Evangelium. Jesus hat uns aber ohne Zweifel aufgefordert, Menschen zu

Jüngern zu machen und uns um die Verlorenen zu kümmern. Dabei sind die Verlorenen nicht nur die Armen oder die Notleidenden, sondern auch diejenigen, die nicht in der Kirche sind, die also nicht zu Jesus gehören. Ich frage mich also, warum ist so wenig echter missionarischer Geist bei uns spürbar?

IV GOTTES-FINSTERNIS

Der Platz der Religion in der modernen Gesellschaft

1

Die Krise der Kirche ist das eine, die Krise des Säkularismus das andere. Am Beginn des 3. Jahrtausends erleben die Völker der Erde einen Umbruch von riesigem Ausmaß, ökonomisch, ökologisch, gesellschaftlich. Herr Bischof, lassen Sie uns zum Abschluss unseres Gesprächs noch einige Streiflichter auf Fragen unserer Zeit werfen. Es gibt große Fortschritte zu verzeichnen. In der Bekämpfung von Armut zum Beispiel, von Kindersterblichkeit und Krankheiten, oder auch beim Ausbau von Frauen- und Bürgerrechten. Wissenschaftler sehen die nächsten Jahrzehnte gleichzeitig als entscheidend an, ob die Menschheit auf diesem Planeten überleben kann oder nicht. Muss man nicht längst von einer globalen Katastrophe sprechen?

Dass sich die Welt in großen Umbrüchen befindet, ist unübersehbar. Das reicht von der Krise Europas über die Flüchtlingskrise bis hin zu Terrorakten; von Naturkatastrophen über Kriege und Umweltdesaster wie den Super-GAU von Fukushima, den Klimawandel durch Menscheneinfluss bis hin zur Vermüllung der Meere. Man weiß nicht, wie die Menschheit all die riesigen Probleme überwinden könnte. Gesellschaftlich würde ich vor allem auch bei uns eine Krise von Ehe und Familie dazulegen, die durch eine ideologisierte Gender-Debatte verschärft wird. Zudem würde ich auch der Diagnose zustimmen, dass wir in einer Art entfesselten Konsum-, Genuss- und Unterhaltungsgesellschaft leben, die auf Dauer zu einer Infantilisierung der Menschen führt und aus meiner Sicht zudem eine Art Generalangriff ist auf die Aufgabe jedes Menschen, ein Mensch der Innerlichkeit zu werden.

Kofi Annan, der ehemalige Generalsekretär der Vereinten Nationen, befindet: »Die Welt ist in einem fürchterlichen Zustand. Für viele Menschen fällt diese Welt auseinander.« Papst Franziskus empfindet die Lage der Erde gar wie in einem »dritten Weltkrieg, der Stück für Stück ausgetragen wird«.

Ehrlich gesagt erwarte ich mir vom Gang der Weltgeschichte nicht, dass es unbedingt einer glücklichen Zukunft entgegengeht. Die Evangelien sagen voraus, dass die Welt in der jetzigen Gestalt katastrophal enden wird. Ob allerdings die endgültige Katastrophe morgen oder in tausend Jahren eintritt, das wissen wir nicht.

Nach dem jüngsten UN-Umweltbericht sterben weltweit jährlich bereits 13 Millionen Menschen an schmutzigem Wasser, verpesteter Luft, ruinösen Arbeitsbedingungen. Der CO_2-Ausstoß, den wir in die Atmosphäre pumpen, wird bedrohlich. Pole schmelzen ab, der Meeresspiegel steigt an, Tier- und Pflanzenarten krepieren massenhaft. Papst Franziskus hat in seiner Umweltzyklika Laudato si' (»Über die Sorge für das gemeinsame Haus«) im Juni 2015 den verheerenden Umgang mit der Natur angeklagt. Aber hat die Kirche die Umweltproblematik nicht eigentlich auch ziemlich verschlafen?

Ja, und wir müssen zugeben, dass wir durch die Ökologiebewegung vieles gelernt haben. Die Bewahrung der Schöpfung gehört zu unserem genuinen Auftrag. Was mich aber genauso beschäftigt, ist, was Papst Benedikt die »Ökologie des Menschen« nannte. Es geht darin um die ganzheitliche Sicht auf die Lebensumstände jedes Einzelnen, also auch um sein seelisches und geistliches Wohl. Ich habe viel mit jungen Leuten zu tun und sehe, dass etwa Dinge, die über mediale und Konsumwelten auf Heranwachsende einströmen, gewissermaßen die Menschwerdung des Menschen verhindern, um es mit einem großen Wort auszudrücken. Hier mache ich mir große Sorgen um unsere zukünftigen Generationen.

Über die »Ökologie des Menschen« sagt Benedikt XVI.: »Auch der Mensch hat eine Natur, die er achten muss und die er nicht beliebig manipulieren kann. Wenn der Mensch verfällt, verfällt auch die Umwelt, in der er lebt.« Wir steigen nicht mehr in geistige Höhen, wir fallen nach unten. Muss man nicht auch sagen, dass die Rettung der geistigen Ozonschicht und unserer spirituellen Regenwälder nicht sogar die Voraussetzung dafür ist, die ökologischen und anderen Katastrophen eindämmen zu können?

Ich finde das einen sehr schönen Vergleich. In der pädagogischen Arbeit haben wir immer gelernt, dass die Art, wie ein Mensch seine Umgebung gestaltet, auch ein Ausdruck seines Innenlebens ist. Nicht immer, aber sehr häufig. Es gibt eine Korrespondenz zwischen innen und außen. Wenn der Mensch innerlich in Ordnung kommt, ordnet sich auch seine äußere Natur. So gesehen ist die Zerstörung der Umwelt ein Ausdruck der Zerstörung der inneren Welten des Menschen.

Nun ist es allerdings nicht so, dass dort, wo das Christentum formal dominant ist, alles zum Besten stünde. In Südamerika unterstützten Kirchenvertreter Diktaturen, die Menschenrechte mit Füßen traten. In Polen lehnen katholische Kräfte die Aufnahme von Flüchtlingen ab, Homosexuelle werden offen diskriminiert. Die orthodoxe Kirche in Russland zeigt sich offen nationalistisch und staatskonform. Selbst im Vatikan gibt es Intrigen, Sexskandale und Korruption. Jagen wir nicht manchmal auch einem Traum von einer gerechten Gesellschaft nach, die es niemals geben wird?

Ja, natürlich. Die Kirche ist die Kirche der Sünder, und sie ist dafür da, dass die Sünder bessere Menschen werden, von ihren Sünden befreite Menschen, die immer mehr Gott erkennen und lieben lernen. Wir haben ja bereits darüber gesprochen, dass Glaube und Kirche auch missbraucht werden zur Durchsetzung oft ganz glaubensfremder Interessen. Gleichzeitig gibt es die Erfahrung, dass dort, wo gewissermaßen heilige Menschen leben oder gelebt haben, geordnete Verhältnisse vorzufinden sind, nach einer Ordnung im guten, nicht im schlechten Sinne. Warum pilgern Menschen zu Wallfahrts- oder ähnlichen Orten? Weil sie etwas suchen, das so etwas wie heile Schöpfung ist, an der man partizipieren kann. Nach Taizé kommen Jahr für Jahr Tausende junger Menschen. Es gibt hier keinen Supermarkt, keinen McDonald's, keine Wirtshäuser. Da kommt man hin und findet sich in einer geistlich geordneten Welt, arm und einfach. Hier wird etwas erfüllt von dem, wonach wir uns sehnen. Und das ist keine Illusion, keine Kopfgeburt, sondern real. Dort spürt man, hier ist Kirche irgendwie ursprünglich wieder da.

Wir haben uns in der westlichen Gesellschaft angewöhnt, so zu leben, als ob es Gott nicht gäbe. Gott ist tot. Viele sehen darin eine Befreiung. Ohnehin sei mit Glauben nur Terror und Ausgrenzung verbunden. Als Alternative zu den Zehn Geboten suchen wir nach einer »Ethik ohne Religion«. Johannes B. Metz, ein Ideengeber der »Theologie der Befreiung«, warnte hingegen schon sehr früh: »Dem Tod Gottes folgt der schleichende Tod des Menschen, seine Verkümmerung zum anpassungsschlauen Tier, auf dem Fuß.«
Papst Benedikt sprach im Zusammenhang mit der Entchristlichung Europas von einer »Gottesfinsternis«, bei der die Menschen Gefahr liefen, ihre eigene Identität zu verlieren. An der Frage, »ob Gott da ist – der Gott Jesu Christi – und anerkannt

wird oder ob er verschwindet«, gab er zu bedenken, »entschei-
det sich heute, in dieser dramatischen Situation, das Geschick
der Welt«.

Seltsam: Diese Schöpfung ist bedroht wie nie, die Welt steht
buchstäblich auf der Kippe, aber wir fragen immer weniger
nach dem Urheber dieser Schöpfung. Wieso ist die Gottesfrage
angesichts der aktuellen Bedrohungen nicht längst ins Zen-
trum unserer aktuellen Debatte gerückt?

Vielleicht, weil wir schon so weit von Ihm weg sind, dass wir
von Christus und der Kirche nichts mehr erwarten. Nicht
Gott hat sich dabei von uns entfernt, wir haben uns von Gott
entfernt. Mit Gott leben, das ist ein Beziehungsgeschehen.
Sünde bedeutet im Grunde, in die Entfernung von Gott zu
kommen. Und es ist die furchtbare Tragödie dieser Sünde,
dass ich, je weiter ich von Gott weg bin, genau diese Entfernung umso weniger merke – und dadurch immer weniger das
Bewusstsein für das Falsche habe. Umgekehrt empfindet der
Mensch, der ein ausgeprägtes, feines Gewissen hat, das heißt,
der in der Nähe Gottes lebt, auch bereits kleinere Dinge –
Ungerechtigkeit, eigenes falsches Verhalten, schlechtes Be-
nehmen, mangelnde Hilfeleistung – als gravierend. Für ihn ist
die Sünde unerträglich. Der von Gott Entfernte kann sich
hingegen gar nicht vorstellen, dass Gott ihn verwandeln oder
überhaupt auch nur im Geringsten einwirken kann in sein
Leben.

Nach den Verheerungen des Zweiten Weltkrieges bildeten im
Westen christliche Grundsätze das Fundament für den Aufbau
eines neuen Europa. Heute sagen wir: Gut und schön, aber die
Bibel ist viele tausend Jahre alt. Niemand wird behaupten,
dass sie auf dem neuesten wissenschaftlichen Stand ist. Das
frühere Wertegerüst hat einfach ausgedient.

Sie sprechen jetzt erneut vom moralischen Kodex. Aber Christentum ist nicht zuerst eine Ethik oder eine Moral. Christentum ist Ereignis einer Begegnung. Es ist die Suche nach einem Erlöser, der mich befreit. Die ganze Heilige Schrift erzählt vom Ereignis der Begegnung Gottes mit Israel und der Begegnung Jesu mit den Menschen. Alles andere – Moral, Gesetze – folgt aus dieser Begegnung. Anders gesagt: Der neue Blick auf die Welt, den die christlichen Grundsätze bewirken, folgt aus der Begegnung mit Jesus. Denn dann kommt die Frage: Wie muss ich leben, welche Ethik muss ich haben, um in dieser Beziehung zu bleiben?

Gesetz und Moral sind also sekundär zur Erfahrung der Begegnung. Das ist wichtig, um zu verstehen, um was es geht. Ansonsten ließe sich tatsächlich allzu leicht sagen, heutzutage ist Christentum belanglos; das sind ein paar Gebote, aber die galten vielleicht mal vor ein paar tausend Jahren, die humanwissenschaftlichen Erkenntnisse erzählen uns heute etwas anderes über Sexualität oder über Mann- und Frausein und so weiter. Nein, hier geht es um eine Beziehungsqualität, die jedes Leben verwandeln kann. Wenn diese Beziehungserfahrung aber aus der Kirche verschwindet, tritt notwendig nur eine Ethik an deren Stelle oder besser: verschiedene ethische Entwürfe, über die wir diskutieren. Aber Christentum nur als Ethik interpretiert führt letztlich notwendig in die Vorstellung: Ich kann aus mir selbst gerecht werden, wenn ich mich nur genug anstrenge. Und diese Erfahrung führt wiederum in einen Deismus, also in die Vorstellung: Es gibt Gott, aber er greift nicht in den Lauf der Welt ein. Und Deismus ist der Anfang vom Begräbnis Gottes in Nietzsches Sinn: Gott ist tot.

Lassen Sie uns in diesem Kapitel einige der gesellschaftlichen Brennpunkte unter dem Aspekt betrachten, inwieweit diese Entwicklungen mit unserem Denken, unserem Bewusstsein und letztlich mit der Gottesfrage zu tun haben. Beginnen wir mit dem Thema Angst. Man müsse nur all die Sündenregister der Religion auf den Müllhaufen der Geschichte werfen, hieß es, dann könne sich der Mensch endlich frei und fern von Angst entwickeln. Die Angst werde von der Kirche geschürt, nur um Macht ausüben zu können. Nun erleben wir, dass die gottferne Gesellschaft vor Heidenangst geradezu zittert. Der Angst etwa, nicht zu genügen, der Angst, nicht mithalten zu können, nicht schön genug zu sein, nicht modern genug, nicht die richtige Meinung zu haben, zu wenig Anerkennung zu bekommen. Die Angst vor sozialem Abstieg, Angst vor Krankheit, vor Einsamkeit, vor Katastrophen, Angst vor der Zukunft schlechthin.

Zunächst zu dem Missverständnis, dass die Kirche mit Angst arbeitet. Kirche hat den Auftrag, das Heil zu verkünden, das in Christus gekommen ist. Paulus sagt zwar: Müht euch mit Furcht und Zittern um euer Heil. Das heißt: Ja, du lebst als Getaufter in einer Beziehungserfahrung, die voll Licht und Wahrheit ist, aber es ist möglich, da wieder herauszufallen. Das darf uns unruhig machen. Angst hingegen ist eine andere Kategorie. So spricht man von alters her nicht zufällig vom Teufel als dem Vater der Lüge und der Angst. Jesus hingegen kommt immer wieder und sagt: »Ich bin es, fürchtet euch nicht.«
Eine meiner Lieblingsstellen in der Apostelgeschichte berichtet darüber, wie Paulus mit Silas nach Philippi kommt und hier eine Wahrsagerin von ihrem schlimmen Geist befreit. Die Hintermänner der Frau, die um ihre Einnahmen fürchten, sind davon verständlicherweise ganz und gar nicht angetan. Sie verprügeln Paulus und Silas, reißen ihnen die Kleider vom Leib und lassen sie in den hintersten Kerker werfen, die Füße in den Schraubblock. Es ist Mitternacht. Und was fällt Paulus und Silas ein? Sie singen Lobpreislieder. Weil sie Gott lieben. Total verrückt! Aber das nennt man im

eigentlichen Sinn Glauben: Denn das ist wirklich Glaube: Gott zu loben, auch wenn die Umstände dramatisch schlecht sind! Es ist der Glaube, dass Gott der Gute, der Wahre, der Herrliche ist und auch unter solchen Bedingungen immer noch bleibt. Und tatsächlich, das Wunder in Philippi passiert. Denn Gott antwortet auf Glauben. Die Ketten springen auf, der Gefängniswärter will sich umbringen, weil er denkt, jetzt sind alle weg, aber Paulus sagt nur: »Cool down, wir sind alle noch da.«

Das zeigt uns: Die vollkommene Liebe vertreibt die Furcht. Wer innerlich einen festen Stand in Christus hat, der hat auch eine innere Freiheit. Nichts kann uns trennen von der Liebe Christi, sagt Paulus im Römerbrief, weder Mächte der Unterwelt, noch Finsternis, Gewalten, Angst, Kälte, Schwert, Hunger. Wenn ich in dieser Liebe bin, kann ich in jeder Situation befreit das Lob Gottes singen. Und das ist nicht irgendwie Klimbim, das ist Wirklichkeit. Christentum schafft nicht Angst, Christentum befreit.

Aber was ist zum Beispiel mit Michelangelos Horrorszenario an der Hauptwand der Sixtinischen Kapelle, mit den schaurigen Szenen vom Jüngsten Gericht? Gibt es nicht auch im Glauben die Angst, die Furcht, das große Zittern?

Wenn wir im Glauben von Angst sprechen, dann nur in dem Sinne, dass es möglich ist, der Dimension des Heils verlustig zu gehen. Wir sehen ja, dass wir ohne Christentum nicht unbedingt angstfrei geworden sind, im Gegenteil. Die heidnischen Kulte, der ganze Esoterik-Boom zeigt, wie sich die Menschen dann an alle möglichen Strohhalme und puren Aberglauben heften, weil sie entweder voll innerer Leere oder voller Angst davor sind, was im Leben alles passieren könnte.

Nun wirken die christlichen Gebote nicht immer prickelnd. Ob das die Gottes- und Nächstenliebe betrifft oder die Vorgaben über richtiges und falsches Verhalten, Gut und Böse. Einer der Hauptsätze moderner Lebensphilosophie hingegen lautet: Du kannst alles und du darfst alles. Es gibt in deiner Autonomie und Freiheit keine Fesseln. Eigentlich eine feine Sache.

Ja, und du bist vor allem der Herr deines eigenen Glücks. Folge der Sehnsucht, die in dir ist. Das heißt dann zumeist: der Sehnsucht nach möglichst viel Anerkennung, Einfluss, Geld, Vergnügen, Macht, Sex. Das sind die dominierenden Dinge unserer Kultur geworden. Aber jeder, der sie mal ausgekostet hat, weiß – so banal das auch klingt –, dass am Ende ein Sehnsuchtsloch, eine Leere übrig bleibt. Und wenn du die allertollste Frau deines Lebens gefunden hättest, die dir in allem entspricht und eine Seelenverwandte ist, und wenn du den tollsten Job deines Lebens gefunden hättest und alles Geld der Welt, kommt in dir die Sehnsucht hoch, die da sagt: Es muss in diesem Leben mehr als dieses geben.

Die christliche Lehre vom Menschen besagt, der Mensch ist *capax Dei,* er ist gottfähig. Er trägt das Verlangen nach Gott in sich. Die Seele ist dafür gemacht, dass sie Wohnort Gottes in dieser Welt ist. Jede Sucht ist deshalb gewissermaßen eine Pervertierung dieser Sehnsucht nach dem Unendlichen. Hegel sagt: Die Natur der Sucht ist es, dass sie nicht gestillt werden kann. Außer eben von dem Unendlichen, der uns entgegenkommt und die Sehnsucht stillen will.

Die Erfahrung der Christen ist: Wenn ich von Gott berührt worden bin, von diesem Reichtum, dann brauche ich im Grunde nichts mehr. *Nada te turbe. Nada te espante. Solo Diós basta* – Gott allein genügt. Dabei geht es jedoch nicht um eine Selbstgenügsamkeit, sondern darum, mit den Menschen anders und neu zu leben und ihnen neu zu begegnen.

Unsere Welt hat sich zu einer Rund-um-die-Uhr-Geschäftig-keit entwickelt, sieben Tage die Woche lang. Viele sprechen von einer neurotischen Gesellschaft. Die Unruhe sei zum prägenden Gefühl unserer Kultur geworden. Etwas auf sich beruhen zu lassen gilt fast schon als Frevel. Gerade auch in der Alltagskultur werden die Gegensätze zum christlichen Lebensentwurf deutlich: hier Beschleunigung und Aktion – dort Kontemplation und heiliger Sonntag. Könnte man nicht auch sagen: Spaß gegen Langeweile?

Schon der französische Philosoph Pascal hat gesagt, das ganze Elend der Menschen kommt im Grunde daher, dass keiner mehr Stille mit sich selbst aushält. Einerseits fühlt sich heute die ganze Gesellschaft getrieben, andererseits sehnt sich jeder nach Stille – und macht dann irgendwelche Wellness oder Meditationsübungen. Das ist ja auch alles ganz okay. Aber wenn diese Sehnsucht nach Stille nur zur Stärkung meines Egos dient – im Sinne von: bei sich selbst bleiben –, ist das etwas anderes, als sich einem Gegenüber auszusetzen, weil ich glaube, dass es da einen Gott gibt, der mich befreit, mich mir nehmen kann, vor dem ich still werden kann, der mein großer Reichtum ist. Der Esoteriker glaubt: Ich habe meinen Reichtum ganz in mir und aus mir. Und der christliche »Arme im Geist« wartet bei Gott, vor Gott, mit Gott, in Gott, weil er von ihm erfüllt und gestillt wird.

Na ja, der Esoteriker weiß schon auch, dass nicht alles aus ihm selbst kommt. Dass er aus Weisheitslehren schöpfen und bestimmte Techniken verwenden kann.

Schon, aber dann ist der Mensch umso mehr der Manipulator und derjenige, der über diese Dinge auch verfügen kann. Das ist quasi auch erzeugbar. Wir hingegen sprechen von Gnade. Sie kommt von einem personalen Gegenüber, das von uns unterschieden ist. Der Esoteriker sucht nicht Erlösung. Wir hingegen sagen: Es braucht einen Erlöser, um aus unserem Ich-Gefängnis befreit zu werden. Wir kommen ohne Jesus da nicht raus.

Die christliche Tradition hat die Zeit eingeteilt in Arbeit, Gebet und Innehalten und damit einen heilsamen Rhythmus vorgegeben.

Ja, aber die Pause allein macht's noch nicht. Die Frage ist: Was macht es denn? Meine Antwort wäre, aber die ist jetzt wieder sehr geistlich: Das Entscheidende ist der Atemraum der Kirche. Ich möchte es mal an einem Bild festmachen: Als Mutter oder Vater möchten Sie, dass Ihr Kind in einer fürsorglichen Umgebung aufwächst und guten Einflüssen ausgesetzt ist, gerade auch, wenn es bei Freunden spielt. Da, wo eine gute Atmosphäre, ein guter Geist vorhanden ist. Es gibt einen gemeinschaftlichen, atmosphärischen Raum, in dem man in der Gegenwart von guten Menschen auch selbst ein besserer Mensch werden kann. Die Kirche ist grundsätzlich der gemeinschaftliche Ort, in dem der Heilige Geist gegenwärtig ist. Deswegen ist in der Kirche sein eine unfassbare Gnade.

Nicht alle Menschen würden das unterschreiben.

Ja, viele haben mit den Missbrauchsskandalen großes Leid erfahren. Hier geschah durch die Täter auch ein Missbrauch des Schutzraumes Kirche, der Missbrauch eines Amtes, des Namens Gottes. Ich spreche hier aber real von Kirche als Ort der Anwesenheit des Geistes Gottes. In ihn sind wir durch die Taufe hineingenommen. In diesem Raum dürfen wir uns öffnen und sagen: Hier ist gut sein, hier ist Gottes Gegenwart. Aber natürlich gilt auch: Die Kirche selbst ist noch nicht Reich Gottes. Wenn sie es schon wäre, bräuchten wir sie im Grunde in dieser

Gestalt auch nicht mehr. Kirche ist nämlich einerseits Ort der Gegenwart und Heiligkeit Gottes, andererseits aber auch Heimat der Sünder, die in der Kirche glauben und lieben und hoffen lernen, damit sie neue Menschen werden. Und die Gegenwart von Sünde in der Kirche macht dann für viele das andere, die Gegenwart des Heils, oft unkenntlich. Sie identifizieren Kirche mit Sünde und kommen gar nicht auf die Idee, dass in ihrer Mitte das Heil gegenwärtig ist, angeboten und geschenkt wird.

In unserer Gesellschaft werden die Reichen reicher, die Armen ärmer. Die Klassenunterschiede nehmen zu. Ein Turbokapitalismus nimmt mit der ungebändigten Macht des Investmentkapitals verheerende Züge an. Stellt sich auch in der sozialen Frage die Gottesfrage? Solidarität, Gleichheit, Gerechtigkeit – viele sehen im Urchristentum sozialistische Ansätze. Hat der Niedergang der Religion zu einer ökonomischen Enthemmung beigetragen?

Es gibt das berühmte Wort von Papst Franziskus: »Diese Wirtschaft tötet.« Wir leben in einer kapitalistischen Gesellschaft, aber dieser Kapitalismus war, auch durch kirchlichen Einfluss, ein sozial gebändigter Kapitalismus. Solidarität, Subsidiarität, Personalität, Nachhaltigkeit, das sind alles Dinge, die unsere christliche Soziallehre hochhält. Sie geraten leider eben genau durch jene immer gleichen Dauerthemen in den Hintergrund, die wir angesprochen haben, und verlieren dadurch an gesellschaftlicher Präsenz.

Alle Päpste der letzten 70 Jahre hatten starke antikapitalistische Züge in ihrer Verkündung.

Wir haben jedenfalls eine sehr gute, tiefe christliche Soziallehre, in der es um den Wert der Arbeit, die Würde des Menschen, um eine gerechte Entlohnung und Geschlechtergerechtigkeit und Ähnliches geht. Die Bergpredigt Jesu ist geradezu die Grundansage für eine gerechte Gesellschaft, allerdings nicht im ideologischen Sinne.

Papst Leo XIII. veröffentlichte 1891 die erste Sozialenzyklika. Johannes Paul II. prangerte in seiner Enzyklika »Redemptor Hominis« politische Systeme an, die zur »Vorherrschaft einzelner Gruppen, des Totalitarismus, des Neokolonialismus und des Imperialismus« führten. Papst Franziskus hat den Einsatz für Arme und Benachteiligte zu einem Hauptaspekt seines Pontifikats gemacht. Die Positionierung der katholischen Kirche ist eindeutig.

Die ist eindeutig, ja. Aber die Frage ist: Glaubt man uns das immer?

Und die andere Frage ist: War das immer so?

Bei Hans Urs von Balthasar gibt es das Wort, dass die Kirche die heilige Hure ist. Heilig, weil sie in ihrem Kern unverlierbar heilig ist, und Hure, weil sie praktisch immer versucht ist, den Reichtum oder das, was sie hat – den Reichtum der Liebe –, gegen Geld, Macht und Anerkennung einzutauschen. Liebe gegen Geld, Liebe gegen Macht ist nun mal Prostitution. Dass der Reichtum und die Autorität, die die Kirche hat, sich verbindet mit Macht und mit weltlicher Autorität, war immer auch eine Art Sündenfall der Kirche. Aber die Kirche legt gerade beim Reichtum die Finger in die Wunde und sagt: Reichtum verpflichtet dich zu hoher Verantwortung. Es gibt das strenge Wort von Jesus, das besagt, eher geht ein Kamel durch ein Nadelöhr, als dass der Reiche ins Himmelreich geht!

2

Eine gnadenlose Ökonomisierung erfasst immer mehr Berei-
che unseres Lebens. Überall werden wir gegängelt, beobach-
tet, vermessen. Überall wird nach unserer Aufmerksamkeit
geschrien, um uns noch besser ausbeuten zu können. Der
Mensch ist als Datenträger zu einer Handelsware geworden.
Dazu tragen auch die Dauerbotschaften der Moden und des
Marketings bei, mit denen die Zeiträuber uns Zeit und Ener-
gie stehlen. Ist die »neue Freiheit« in Wahrheit nicht mit einem
gewaltigen Verlust an Freiheit verbunden?

Ja, das glaube ich. Diese Gefahr ist Realität geworden. Wobei
wir in der Postmoderne vielfach gar keine Ahnung mehr davon haben, was die Freiheit ist, die das Christentum meint.
Wir setzen Freiheit mit Wahl- und Konsumfreiheit gleich
und denken, wenn wir möglichst viel, umfassend und schnell
konsumieren können, dann sind wir frei. De facto sind wir
Sklaven des Marktes, Sklaven der Medien, Sklaven der In-
formationsgesellschaft, die uns immer wieder mit Neuigkei-
ten füttert. All das ist eine Art Generalangriff auf unsere Innerlichkeit, wie ich schon sagte. Die Dimension der eigentlichen Freiheit, die Freiheit des Christenmenschen, kommt
aus der Verbindung mit dem Herrn. Es ist die Freiheit, los-
lassen zu können, eine Freiheit, die sich verschenken kann,
die geben kann, die vertrauen kann, die hingebungsvoll
ist, die tiefsten Sinn hat und sich diesen Sinn nicht von wo-
andersher durch Konsum oder Neugier oder sonst was holen
muss.

Früher begaben sich die Menschen in die Hand Gottes und seiner Zehn Gebote. Heute sind wir in der Hand von Google und Facebook und abhängig davon, wie deren Algorithmus uns lenkt – ohne zu wissen, welche Interessen sich dahinter verbergen.

Die Macht, die diese Konzerne inzwischen über den Menschen haben, muss uns große Sorgen machen. Wir beide erinnern uns noch daran, als in den Achtzigern die Volkszählung eine riesige Protestbewegung auslöste. Es gab die Angst vor dem »gläsernen Menschen«, der durch die Zählung entstünde. Im Raum stand das Bild einer totalitären Gesellschaft, wie es George Orwell in »1984« vorgezeichnet hatte. Im Verhältnis zu dem, was wir heute als Realität erleben, war das damals totaler Kinderfasching. Edward Snowden hat uns gezeigt, was da auf den Wegen des Datenabgriffs alles passiert. Und die Politik hat offenbar fast keine Mittel, auf die Konzerne Einfluss zu nehmen oder auch auf die Praxis des umfangreichen Datenabgriffs etwa der Vereinigten Staaten. Viele Versuche, hier regulierend einzugreifen, sind Ausdruck der Hilflosigkeit. Wir können nur hoffen, dass die Kräfte, die hier über gewaltige Macht verfügen, gut- und nicht bösartig sind. Man sollte schon immer auch im Kopf haben: Okay, Facebook ist kostenlos; aber nur scheinbar. Denn es macht dich auch zu einem Produkt, ich selbst bin das Produkt. Sie verkaufen auch mich, wenn ich eine Facebook-Seite betreibe. Ich weiß aber auch nicht, wie wir da rauskommen, jetzt nicht unmittelbar aus Facebook, sondern generell aus der Gefahr der totalen Datenkontrolle und damit des Verlustes der Privatsphäre des Menschen.

Beklemmend ist, dass die einstigen Pioniere des Internet, wie beispielsweise Jaron Lanier, längst die größten Warner vor ihrer eigenen Kreation geworden sind. Lanier prägte den Begriff von der virtual reality *und stand auf der Time-Liste der 100 einflussreichsten Menschen. Heute kritisiert er, dass die Giganten des Silicon-Valley in ihrem Herrschaftsanspruch immer arroganter über hart errungene zivilisatorische Leistungen der Menschheit trampeln und dafür auch noch gefeiert werden. Larnier beobachtet dabei zwei parallel stattfindende Prozesse durch die Realität des Internets: Erstens die radikale Reduzierung unserer Persönlichkeiten. Zweitens die Entwicklung einer Art Online-Diktatur der Masse. Die Kritiker eint die Sorge, dass algorithmische Supermächte wie die NSA, Google oder Facebook mit den Datenfluten das Leben der Menschen quantifizieren und unter ihre Kontrolle bringen könnten.*

Ja, womöglich entsteht hier tatsächlich eine moderne Form von Sklaverei, eine subtil anwachsende Form des Totalitarismus, dem wir irgendwann unterliegen, um dann eines Tages festzustellen, wir sind den Datenmonstern hilflos ausgeliefert. Manche mögen ja sagen, diese umfassende Kontrolle stört uns nicht. Aber mit Blick auf politisch oder religiös Verfolgte ist es nicht egal, welche Mächte da wissen, wer sich wo aufhält und was er gerade macht. Es gibt noch eine andere Seite, die mir ein bisschen unheimlich ist. Vielleicht hinkt das Bild, aber man kann dieses Internet durchaus als Pseudo-Kirche begreifen.

»Die Kirchen leeren sich, und Facebook füllt sich«, sagt der koreanische Philosoph Byung-Chul Han, »es ist eine neue Kirche entstanden, aber eine, die keinen Sinn stiften kann.«

Es gibt eine gewisse Analogie. Wenn Paulus sagt, wir sind Leib Christi, heißt das, alle sind mit allen verbunden. Über eine personale Kommunikation kommunizieren alle als Leib Christi in einem Geist. In der Mitte steht das Geheimnis Gottes, an dem wir Anteil haben. Mit dem Internet bauen wir jetzt ebenfalls ein Netz, an dem wir alle teilhaben. Jeder kommuniziert mit jedem, jeder ist mit jedem verbunden, und in der Mitte ist das Geheimnis. Das sind nun nicht alle Aspekte des Internets, aber diese Seite hat was von Pseudo-Kirche.

Lanier spricht von einer kryptoreligiösen Komponente des Internets. Sie hätte Erscheinungsformen einer neuen Religion, einer neuen Gottheit. Vielen Menschen wird das freilich egal sein. Man lebt nur einmal, ist die Devise. Und weil das relativ kurz ist, muss ich es voll ausbeuten, egal was es kostet. Christlicher Glaube hingegen besagt: Du hast ein Schicksal. Du hast das Leben nicht selbst in der Hand. Und du hast bestimmte Aufgaben. Dein irdisches Dasein ist vor allem eine Art Vorlauf für die auf Unsterblichkeit angelegte Seele. Aber woher will man das so genau wissen?

An dieser Einstellung hängt im Grunde die Entscheidung über Leben und Tod. Über alles. Und auch das bestätigt sich in erster Linie durch Zeugnis. Oder durch das Scheitern. »Koste das Leben aus, so gut du es kannst«, führt ja nicht in die Zufriedenheit. Jeder, der das mal ein paar Jahre gemacht hat, weiß, dass er im Innersten eigentlich ein verzweifelter Mensch ist.

Na ja …

Und wenn er es nicht weiß, dann hat er es so gut verdrängt, dass er immer nur noch mehr von dieser Art Lebensexzess braucht. Das ist unsere menschliche Erfahrung. Und die christliche Erfahrung ist, wenn ich wirklich Vertrauen habe, glauben kann, dann bin ich getragen, dann bin ich frei, dann muss ich dem ganzen Wahnsinn nicht hinterherhetzen. Es ist freilich schon auch die Frage – die wir uns auch kirchlich kaum noch stellen: Kann ich des Heils verlustig gehen? Bei Paulus haben wir das strenge Wort: »Müht euch mit Furcht und Zittern um euer Heil.«

Alles auszukosten geht mit Raubbau einher. An sich selbst, in der Beziehungen zu anderen Menschen, Raubbau letztlich an jeglicher Umwelt. Aber ist das nicht auch verständlich, wenn dieses Leben, das ich habe, nur das einzige ist?

Wenn es Gott nicht gibt, dann ist, wie Dostojewski gesagt hat, alles erlaubt. Hauptsache, ich kann das einigermaßen rechtfertigen. Und eine aus dem Herzen losgelöste Vernunft ist – wie Luther sagt – »eine Hure«. Sie findet für jede moralische Verwerflichkeit gute Gründe, warum das jetzt doch nötig oder richtig war.

Echt oder unecht, Original oder Fälschung, Wahrheit oder Unwahrheit, Realität oder Illusion – alles sei, so besagt es der moderne Relativismus, letztlich eine Sache der Betrachtung. In der Freiheit des Designs gelte es, Grenzen zu erweitern. Ist das christliche Beharren auf Echtheit, Originalität und Wahrheit nicht in der Tat ein überkommenes Relikt geworden, das in der Epoche von Fotoshop, Instagram und 3-D-Druckern nicht mehr anwendbar ist?

Ich habe mir im Nachdenken über das, was ein Sakrament ist, einmal genau auch diese Frage gestellt. Stellen Sie sich vor, Sie gehen in einen Kunsthandel und kaufen ein sehr teures Bild. Sie sind davon überzeugt, dieses Bild ist nicht nur richtig großartig, es stammt auch von einem richtig berühmten Künstler. Zu Hause jedoch stellen Sie fest: Es ist eine Fälschung. Jetzt ist es immer noch dasselbe Bild, das Sie kurz zuvor noch ganz großartig fanden. Warum trifft uns das so?

Ich denke, es liegt daran, weil das Ursymbol nicht mehr wahr ist. Jedes Bild ist ja auch eine Art Symbol, in dem sich jemand ausdrückt, sich hineingibt und dem Bild damit den originellen Ausdruck schenkt. Das Ursymbol ist der Mensch, der in seiner Leiblichkeit und in dem lebt, was er da gerade originalen Ausdruck gibt. Wir wollen deshalb mit authentischen Menschen zu tun haben und nicht mit Lügnern oder Fälschern. Falsch sein zu können steckt allerdings zutiefst in unseren natürlichen Möglichkeiten, und ehrlich gesagt, sind wir schon von Haus aus ganz oft Fälscher. Platon hat in seinem Werk »Politeia« dabei die abgründige Frage gestellt: Was wäre eigentlich, wenn jener käme, der nicht nur gut erscheinen will, sondern der aus tiefstem Abgrund einfach nur gut ist? Seine Antwort, vierhundert Jahre vor Christus, war: Den würden die Menschen gar nicht aushalten, der würde irgendwann gekreuzigt werden. Das heißt, die Möglichkeit zur Lüge, zur Fälschung, gehört in unsere gebrochene Natur.

Der Verzicht auf die Unterscheidung zwischen echt und unecht, letztlich zwischen Wahrheit und Lüge, richtig und falsch und damit auch zwischen Gut und Böse ist in George Orwells Klassiker »1984« das Kennzeichen einer totalitären, entfremdeten Welt.

Es heißt nicht von ungefähr, wir haben das bereits zitiert, der Teufel ist der Vater der Täuschung, der Vater der Lüge, der Vater der Fälschung. Und je gottloser diese Gesellschaft wird, desto dominanter wird der Zug der Illusion, der Täuschung, der Unwahrhaftigkeit, obwohl gleichzeitig die Sehnsucht nach Authentizität genauso zunimmt. Wir werden gewissermaßen zum Sklaven, zum Roboter der Mechanismen der Täuschung.

Heute ist falsch, was gestern noch richtig war. Oder richtig, was gestern falsch war. Jede Woche werden neue Expertisen präsentiert, neue Lebensrezepte, neue In- und Out-Listen. Lifestyle-Ratgeber sind die Top-Seller auf dem Büchermarkt – während gleichzeitig die Klassiker der Tradition in der Ecke verstauben. Der unendlichen Vielfalt neuer Angebote steht das christliche Kulturgut als etwas Angeschimmeltes gegenüber. Was ist da passiert?

Ein Paradebeispiel hierfür ist die Flut an Erziehungsratgebern, mit denen heutige Eltern vom Moment der Geburt bis zum Erwachsenwerden ihres Kindes regelrecht bombardiert werden. Wir sprechen aktuell vom Phänomen der Helikoptereltern, die in ihrer Übersorge pausenlos um ihren Nachwuchs herumschwirren. Wir wissen immer weniger, was ein gelingendes Kindsein, Jugendlichersein und Menschsein eigentlich bedeutet. Die Entfremdung des Menschen von Gott führt notwendig zur Entfremdung des Menschen von sich selbst. Zu Ratlosigkeit, die dann irgendwie vermeintlich behoben wird mit einer Fülle von Ratgebern, die hier mehr oder weniger hilfreich sind, meistens weniger, weil sie oftmals die Verwirrung nur noch steigern. Dem steht ein natürliches Bewusstsein entgegen, das uns im Inneren sagt, wie man seinem Kind hilft, groß zu werden.

Warum sind wir so stark von Moden abhängig geworden?

Ich denke, mit ein Grund dafür ist, dass wir den Konsens über ein einheitliches, grundlegendes Menschenbild verloren haben. Viele reden zwar noch immer mit großer Selbstverständlichkeit von einem christlichen Welt- und Menschenbild, auf das man sich doch verständigen könne, auch über Parteigrenzen hinweg, aber was genau damit gemeint ist, wissen wir nicht mehr. Man verweist dann gerne auf irgendeine Ethik, die allenfalls noch die Färbung des Evangeliums hat. Dass es wichtig sei, solidarisch zu sein, gut zu sein zum anderen, solche Dinge eben. Aber über die eigentlichen Elemente des christlichen Menschenbildes – dass der Mensch ein erlösungsbedürftiges Wesen ist; dass er zur Liebe berufen, aber gleichzeitig ein Sünder ist; dass er aus Leib, Seele und Geist besteht, vor allem dass er gottfähig ist, dass er sich vor Gottes Gericht verantworten muss und so weiter – über all das ist kaum noch Konsens herzustellen.

Haben wir mit vielen der Entwicklungen, die unser modernes Leben bestimmen, nicht auch noch zu wenig Erfahrung, um sie definitiv einordnen zu können?

Ja, die Herausforderungen sind riesig. Vielleicht gab es noch nie eine Zeit, in der so viele neue Entwicklungen gleichzeitig auf die Menschen eingestürmt sind. Ein ganz einfaches Beispiel: Als junge Ordensleute haben wir uns gefragt, ob es gut ist, einen Fernseher auf dem Privatzimmer zu haben. Die Strengeren und Geistlicheren haben gesagt: Nein, das kann gar nicht gut sein. Es sei ein Bereich der Meditation, des Gebetes, der Zurückgezogenheit. Heute hat jeder Ordenschrist einen Computer mit Internetanschluss auf dem Zimmer – und ist damit sehr intensiven Herausforderungen ausgesetzt.
Aber selbst wir als Geistliche, als Priester, als Ordensfrauen und -männer, haben uns noch viel zu wenig mit der Frage beschäftigt: Was macht die Flut von Kommunikation – Internet, Handy, Radio, Fernsehen etc. – mit dem geistlichen, asketischen Leben? Wir haben das anthropologisch überhaupt noch nicht verarbeitet. Die neue Medienrealität fesselt uns nicht nur in der Ablenkung und in der Abhängigkeit von Oberflächlichkeit und irgendwelcher Nachrichten, die da pausenlos erwartet werden, wir spüren auch, dass es Suchtfaktoren gibt. Was macht das mit unserem Menschsein? Und gerade auch mit unserem geistlichen Leben, mit unserem Gebet?

Es ist auch für mich eine richtige Herausforderung. Ich rede hier ja nicht nur gescheit daher über andere, ich spreche auch von mir selbst. Ich spüre zum Beispiel, dass ein gesammeltes Abendgebet, wenn ich zuvor einen intensiven Film anschaue, viel schwieriger wird. Wir haben über die Qualität unseres Verhältnisses zu Jesus gesprochen, die irgendwie über das Gelingen meines Lebens aufs Ganze entscheidet. Diese Qualität hat wiederum mit Gebet zu tun. Die allermeisten religiösen Menschen wissen das. Es kommt jedoch eher selten vor, dass ich bei unseren Hauptamtlichen auch Menschen finde, die sagen: Jawohl, das Gebet ist eine ganz wichtige Konstante in meinem Leben, ich habe jeden Tag morgens und abends 20 bis 30 Minuten für meinen Herrgott. Die meisten sagen: Jawohl, das ist ganz wichtig – und scheitern dann fast immer bei der konkreten Umsetzung.

Im Informationszeitalter werden wir mit Wissen, mit Erkenntnis, geradezu erschlagen. Die Menge an Information löst dann nicht unbedingt den Durchblick aus, sondern vielfach nur neue Verwirrung und Ratlosigkeit. Biblisch denkende Menschen könnten an den »Baum der Erkenntnis« erinnert sein, von dem die Genesis berichtet. Dass sie davon verbotenerweise aßen, hatte für Adam und Eva den Verlust des Paradieses zur Folge.

Es ist in der Tat bezeichnend, dass der Sündenfall mit dem Essen vom Baum der Erkenntnis beginnt. Und jetzt kann man fragen: Was ist es, was den Menschen zum Menschen macht? Zweifellos die Erkenntnis. Eine bestimmte Form der Rationalität. Was ist es, was den Menschen zum potenziellen Teufel macht? Ebenfalls die Erkenntnis. Besser gesagt die Weise, wie er mit seiner Erkenntnis umgeht. Wissen ist Macht, heißt es. Jetzt nehmen wir mal ein ganz drastisches Beispiel: Sie wollen als Fanatiker oder als Tyrann eines Volkes so viele Gegner wie möglich ausrotten. Sie haben ein Ziel und gehen extrem rational vor …

Wir haben das Beispiel aus der eigenen dunklen Geschichte.

Um ihr Ziel zu erreichen, waren die Nazis sehr klug, sehr perfekt, sehr strategisch, sehr rational. Die bloße Erkenntnis also, ausgeübt als Macht, und die reine Rationalität, losgelöst aus dem, was Paulus Herz nennt, macht den Menschen auch zum potenziellen Teufel. Das heißt, an dem Umgang mit Erkenntnis entscheidet sich etwas. Ignatius von Loyola sagt mit großem Recht: Nicht das viele Wissen sättigt die Seele, sondern das Schmecken und Verspüren der Dinge, das Verkosten der Dinge von innen her.

Die Grundfrage müsste deshalb lauten: Ist meine Erkenntnis getragen von Liebesfähigkeit? Um es erneut in einem Beispiel auszudrücken: Sobald ich zu einem anderen Menschen in vertrauensvoller Beziehung stehe, ist diese Beziehung an sich bereits eine eigene Erkenntnisquelle, und zwar eine tiefere, als wenn ich diesen Menschen nur von außen beobachten würde und nur eine Datensammlung über ihn anlegen würde. Mit der Datensammlung kann ich ihn vielleicht irgendwie beherrschen, manipulieren, aber würden Sie ihn kennen? Im tiefen menschlichen Sinne? Nein. Sie brauchen, um einen Menschen im tiefen menschlichen Sinne zu kennen, eine Art dienende Vernunft, eine vertrauensvolle Vernunft, die wirklich hören kann, die wirklich empfangen kann. Wir sprechen dann von einer heilen Form von Erkenntnis – im Gegensatz zu einer, die einfach nur instrumentell Macht ausübt. Wir wollen fast immer nur Erkenntnis, um sie für bestimmte Zwecke zu benutzen.

Und was wäre im Glauben anders?

Die Frage, die der Glaube stellt, heißt: Wie kommen wir dahin, dass wir wirklich wieder hörende, empfängliche, im Geist Arme werden? Denn erst dann werden wir durch das, was wir empfangen, auch wirklich reich werden.

Eine der gravierendsten Begleiterscheinungen der Postmoderne ist die enorme Zunahme sogenannter Zivilisationskrankheiten. Sie werden ausgelöst durch Stress, Überforderung, falsche Ernährung und schlechte Lebensgewohnheiten. Da sind Herz- und Kreislaufprobleme, Fett- oder Magersucht. Psychosomatische Phänomene wie Burnout entwickeln sich zur Massenerscheinung. Zu Drogen-, Alkohol- und Medikamentenabhängigkeit kommen heute auch Spiel- und Sexsucht.

Wir haben Gott sei Dank noch immer die Möglichkeit, ein einigermaßen gesundes Leben zu führen. Aber die Dominanz von bestimmten Strömungen zeigt tatsächlich auch eine erhebliche krankhafte Störung an. Eine Kinderärztin sagte mir: Die vorwiegenden Krankheiten bei Kindern und Jugendlichen sind heute nicht mehr Masern oder Windpocken wie früher. Heute sind das vor allem psychische Krankheiten, von ADHS angefangen, über Schlaf- und Essstörungen bis hin zu Depressionen, Ängsten, Schulverweigerung, Selbstverletzungen, Fressbrechsucht und mehr. Das ganze Paket. Das Zweite sind Asthma und Allergien, die ja oft auch eine psychische Komponente haben. Und die dritte Form ist Adipositas, also Fettleibigkeit.

Was ist da in dieser Gesellschaft passiert, dass Kinder und Jugendliche in dieser Weise krank werden? Ich glaube, dass die Anforderung einer mobilen Gesellschaft an Ehe und Familie eine Rolle spielen. Vor allem auch die Macht des Marktes über Ehe und Familie, die dann leichter zerbrechen und Kinder zurücklassen, die dadurch auch seelische Verletzungen erleiden. All diese Kinder und Jugendlichen werden als Erwachsene nicht automatisch gesund sein. Und neben Familienproblemen kommen noch der Konsumterror, die Pornographisierung, die Beanspruchung durch Smartphones und Medien, die Situation im Beruf und viele andere Dinge hinzu. Ich bin gespannt, wie die nächste Generation ihre Werte, besser ihren Glauben findet, wie sie ihre Beziehungen leben wird. Das ist eine riesige Herausforderung. Und ich habe nicht unbedingt das Gefühl, dass es besser wird, wenn nicht eine Wende kommt. Oder christlich gesprochen: eine Bekehrung.

Inzwischen gelten 20 Prozent der Schulanfänger als sprachgestört. Unkonzentriertheit und Hyperaktivität bei Kindern gehören zum Standard. Die Zunahme von Krankheiten bei den Erwachsenen droht das Gesundheitssystem zu sprengen. Gibt es hier eine Antwort aus dem christlichen Glauben?

Die Antworten dafür muss die ganze Gesellschaft finden. Das ist nicht einfach Aufgabe der Kirche. Aber ich bin natürlich auch der Überzeugung, dass ein tiefer, aber auch normaler, gesunder Glaube grundsätzlich auch gesünder und lebensfähiger macht. Es gibt genügend Untersuchungen, die belegen, dass gläubige Menschen an Leib und Seele insgesamt heiler sind. Nicht von ungefähr sprechen wir von Jesus als dem »Heiland«.

»Christus medicus«, wie ihn das Mittelalter nannte, der Arzt und Heiler. Wobei die Heilkräfte nicht irgendwelchen Wundern entsprangen, sondern einer ganzheitlichen Existenz, die dadurch »heil« war, dass sie in Gott ruhte. Auf diese Weise, erklärte Hildegard von Bingen, könne dann auch ein Kranker eigentlich ganz gesund sein, und ein vermeintlich Gesunder ziemlich krank.

Wir kennen den Ausdruck »sündhaft« heute nur noch im Zusammenhang mit Essen. Man kann mit Essen gewissermaßen »sündigen«, oder mit Alkohol, oder auch im Straßenverkehr. Aber damit ist die Rede über Sünde auch schon zu Ende. Man hört das nicht gerne, aber man muss schon auch einmal danach fragen, ob es letztlich nicht auch so ist, dass alle diese kranken Erscheinungsformen unserer Gesellschaft, die Sie aufzählen, Folge der Sünde sind? Eine Folge von Gottesferne, Gottesfinsternis, Verdrängung des Menschen dadurch, dass er sich Gott verweigert?

Da brauchen wir viel Glauben, die Augen des Glaubens, um diese Frage bejahen zu können. Aber letztlich sagt das ja auch die Heilige Schrift. Wenn sie in den Bildern, mit der sie die Schöpfungsgeschichte erzählt, von der Ursünde berichtet, erzählt sie auch, dass der Mensch aus der ursprünglichen Ordnung herausgefallen ist. Und dass gewissermaßen alle negativen Konsequenzen Folgen dieses Herausfallens aus dem Verhältnis zu Gott und damit aus dem Paradies sind. Das heißt, Rückkehr zu Gott schafft Heilung. Es gibt in dieser Welt keine letzte Heilung, aber den Anfang davon gibt es allemal. In der Tiefe bin ich daher überzeugt, dass Sünde – recht verstanden – das Hauptproblem, das grundlegende Problem buchstäblich aller Probleme der Welt ist und dass es nur einen gibt, der dieses Problem von der Wurzel her löst: Jesus, unser Herr.

3

Herr Bischof, lassen Sie uns über George Orwells »1984« und Aldous Huxleys »Schöne neue Welt« sprechen, die weltweit zum Topos für den überwachten, manipulierten und ausgebeuteten Menschen wurden, dem vorgegeben wird, was er zu denken, zu sagen und wie er sich zu verhalten hat. Vielleicht können wir anhand dieser Zukunftsszenarien aus dem vergangenen Jahrhundert danach fragen, ob sich diese Dinge in unserer Gegenwart nicht nur einzulösen beginnen, sondern bereits auch schon übertroffen werden. Frank Schirrmacher bemerkte einmal, in Orwells düsteren Visionen sei wenigstens die Identität des Menschen nicht angegriffen gewesen. Und dass einem die Freiheit abhandengekommen ist, hätte man immerhin noch registriert.

Die Anzeichen dafür, dass wir durch Globalisierung, digitale Revolution, neue Markt- und Medienmächte unbemerkt in Richtung einer gigantischen Sklaverei unterwegs sind, dass wir gewissermaßen die Abhängigen werden von Technik, von Konsum, von einer politisch korrekten Meinung, die andere uns vorgeben, das sind durchaus Signale in diese Richtung. Und weil all diese Dinge eingebettet sind in etwas, was faszinierend ist, was bequem ist, was schön ist, läuft dieser Prozess gewissermaßen unterschwellig.

Orwells »1984« beschreibt ein System, dem sich niemand mehr entziehen kann: »Im Wachen und im Schlafen, bei der Arbeit oder beim Essen, im Haus oder außer Haus, im Bad oder im Bett – es gab kein Entrinnen. Nichts gehörte einem außer den paar Kubikzentimetern im eigenen Schädel.«

Eine unfassbare Vision! Und wenn wir nicht aufpassen, sind wir womöglich auf dem Weg dorthin. Wobei ich nicht sehe, wie die digitale Revolution und das Big-Data-Projekt eingedämmt oder wirklich kontrolliert werden könnten. Wer sind die Kontrolleure, wenn die höchsten Vertreter der Politik ebenfalls hilflos sind? Und ob man die Menschen dazu bringen kann, sich zu verweigern, halte ich inzwischen für fast unmöglich. Man kann nur hoffen, dass es prophetische Menschen gibt, die uns immer wieder darauf hinweisen, wie gefährlich das ist, wie stark wir manipuliert werden können. Und die uns Wege zeigen, wie wir dieser Manipulation entgehen können – ohne auf viele Errungenschaften verzichten zu müssen.

Schon auch deshalb, weil noch niemand wirklich abschätzen kann, wie sich die nachfolgenden Generationen durch das gnadenlose Ausschöpfen ihrer zeitlichen, intellektuellen und emotionalen Ressourcen verändern werden.

Eine Sache, die mir im Umgang mit jungen Menschen dabei immer sehr wichtig war, sind die Ergebnisse des sogenannten Marshmallow-Experiments. Der amerikanische Psychologe Walter Mischel untersuchte mit diesem berühmten Experiment, welche Strategien Kinder haben, um ein Bedürfnis aufzuschieben. Er hat drei- bis fünfjährige Kinder vor eine Süßigkeit gesetzt, es waren Schaumküsse, und ihnen erklärt: Du darfst den essen, aber wenn du warten kannst, bis ich wiederkomme, dann kriegst du zwei. Die Kinder blieben alleine im Raum zurück. Es war sehr witzig, wie sie mit der Aufgabe umgingen. Mancher schaffte es nicht, futterte es gleich rein; mancher machte die Augen zu, um das Verlangen zu unterdrücken und Zeit zu gewinnen. Etwa 15 Jahre später hat Mischel nachgefragt, was aus den einzelnen Probanden geworden sei. Er hat dabei festgestellt, dass es einen intensiven Zusammenhang gibt zwischen den Kindern, die den Bedürfnisaufschub nicht leisten konnten, und einer späteren Anfälligkeit für Kriminalität, Drogen, Schwierigkeiten in der Schule, Schwierigkeiten in der Familie und solche Dinge. Und umgekehrt, die Kinder, die den Bedürfnisaufschub damals leisten konnten, die Strategien hatten, die sind auch später besser mit Herausforderungen zurechtgekommen.

Ich habe diesen Komplex an der Hochschule mit meinen Studenten besprochen und dabei festgestellt, dass es jungen Menschen immer weniger gelingt, sich auf ein längerfristiges Ziel hin zu fokussieren oder sich gewissermaßen eines unmittelbaren Bedürfnisses zu enthalten um eines größeren Zieles willen. Das heißt, sie werden tendenziell immer weniger fähig, für ihr eigenes Leben längerfristige Entscheidungen zu treffen. Sie sind darin nicht geübt, weil sie es gewohnt sind, dass jedes Bedürfnis unmittelbar erfüllt wird. Eine der Folgen ist, sagen Wissenschaftler, dass sie dadurch im Reifungsprozess zurückbleiben. Ich denke, wir leben in einer Kultur, die den Menschen tendenziell infantilisiert und unfähig macht, selbständig weitreichende, reife Entscheidungen zu treffen.

Wir beobachten nicht nur eine zunehmende Entscheidungs-, sondern auch Bindungsunfähigkeit. Parallel hierzu heißt es bei Orwell, in einer vergangenen Zeit habe es wenigstens noch Liebe und Freundschaft gegeben, mit starken und wertvollen Gefühlen und echten Schmerzen. Nun werde die Gesellschaft von einer kaum in Erscheinung tretenden zentralen Instanz gelenkt, in deren Ideologie das Leben in Beziehungen und Familien nicht mehr vorgesehen sei. Eines Ihrer großen Themen, Herr Bischof, ist »Person sein in Begegnung«. Gibt es denn überhaupt so etwas wie »heile« Beziehungen?

Die Frage ist: Gibt es so etwas wie Liebe? Wir haben darüber schon gesprochen. Oder ist Liebe immer auch oder am Ende gar nur subtiler Egoismus? Will ich den anderen an sich oder will ich den anderen letztlich besitzergreifend doch nur für mich? Heile Beziehung heißt, ich meine wirklich den anderen um seinetwillen. Wenn ich mit Studenten dieses Thema diskutiert habe, dann war das Ergebnis zumeist, nein, das gibt es nicht; jeder will doch was für sich. Wir bilden uns das manchmal zwar ein, aber im Grunde bleiben wir Egoisten – auch in der Liebe. Und tatsächlich: Wir machen ja die Erfahrung, dass, wenn wir nicht vertrauen, unsere Liebe in der Regel immer besitzergreifend ist, immer relativ stark den anderen für sich selbst will, eifersüchtig ist. Das christliche Menschenbild sagt aber: Ja, es gibt diese selbstlose Liebe, zu der dich Gott befähigt und befreit. Natürlich stimmt auch, dass wir in den Beziehungen selbst wachsen und reifen müssen, um darin, ganzheitlich gesehen, heiler zu werden. Aber als Christ glaube ich, dass das am Ende nur Gott macht, indem er, wenn wir uns auf Ihn hin öffnen, diese Reifung in uns bewirkt. Ohne Gott neigen wir dazu, in unseren Beziehungen egozentrisch zu bleiben, den anderen zu benutzen und auszunutzen. Oft unter dem Schein von sogenannter Liebe. Wir neigen ja im Übrigen auch dazu, selbst Gott für uns nur zu benutzen – und ihn damit zum Götzen zu machen.

Was macht es heute so schwierig, zueinanderzukommen und beieinanderzubleiben?

Ich glaube, dahinter steckt auch das schon angesprochene verkehrte Verständnis von Freiheit. Wir denken, Freiheit ist, so viel wie möglich tun zu können, was ich will. Aber wenn wir etwas tiefer schauen, spüren wir plötzlich, dass es Freiheit – weil wir Beziehungswesen sind – ohne Formen von Bindung nicht gibt. Wann erleben wir uns am freiesten? Solche Situationen sind immer verbunden mit einer gewissen Selbstverges-

senheit. Um ein Beispiel zu nennen: Du gehst auf den Fuß-
ballplatz, schmeißt dich ganz rein aufs Spielfeld und merkst
nach eineinhalb Stunden: Holla, jetzt ist es schon wieder vor-
bei! Und wenn ich mich danach frage: Wann war ich eigentlich am authentischsten? Dann sind das solche Erfahrungen,
wo ich gewissermaßen ganz bei der Sache war – oder eben
ganz bei dem anderen Menschen. Das heißt, wenn der Mensch
von sich loskommt, dann erfährt er innerlich eine Authentizität und Freiheit, die viel echter ist als einfach nur dieses »ich
kann machen, was ich will«. Und von uns selbst loskommen
tun wir doch eigentlich immer nur, wenn wir uns einer bestimmten Sache oder einem anderen Menschen hingeben.
Und wir spüren, wenn es gelingt, ganz bei dem zu sein – dann
sind wir gleichzeitig ganz authentisch bei uns. Es gibt in der
Tiefe keine existenzielle Freiheit ohne Bindung.

Auch nicht ohne Leiden?

Die Fähigkeit zu lieben und zu leiden sind gewissermaßen
Geschwister, Zwillinge, nein vermutlich ist das ein und dasselbe. Der Ausdruck »Ich kann dich leiden« zeigt diesen Zusammenhang gut auf. Er bedeutet: Du bist in meinem Leben
etwas, was ich tragen und ertragen kann. Und womöglich
geht »Liebe lernen« auch nicht ohne »Leiden lernen«. Ich
kenne viele Menschen, die erst nach einer Leiderfahrung verstanden haben, dass es im Leben um etwas anderes geht als
um die persönliche Lustmaximierung. Fest steht: Ich kann
mir mein Herz nicht selbst aufbrechen, um es offen zu haben
für den anderen, für etwas anderes. Nicht selten wird der
Mensch durch Leid dahin geführt. Der letzte, tiefste Ausdruck der Hingabe Jesu ist für mich die Szene, wo dem Sterbenden am Kreuz auch noch die Lanze ins Herz gerammt
wird: Alles, alles hingegeben, restlose Entäußerung des ganzen Herzens – für die versteinerten Herzen unserer Welt.

Extrem verändert hat sich das Bild von Familie. Vater – Mutter – Kind, das ist nicht mehr kompatibel mit den Anforderungen der Wirtschaft und wird mit dem Attribut »traditionell« und »althergebracht« abgewertet. Wenn dann die Kinder auch noch von der Mutter zu Hause aufgezogen werden, gilt das fast schon als misfit, *als nicht mehr gesellschaftsfähig. Es ist kein Zufall, dass in Orwells auf Willenlosigkeit konditionierter Gesellschaft der Nachwuchs vom Kleinstkindalter an in kollektive Einrichtungen abgegeben werden muss.*

Hierzu fallen mir einige Punkte ein, die eigentlich dem, was Sie sagen, widersprechen, auch wenn Sie einen Ist-Zustand beschreiben, der durchaus beobachtbar ist. Fragen Sie junge Leute, was für sie das wichtigste Ziel im Leben ist. Dann ist es die Familie, die glückliche Bindung, die glückliche Partnerschaft, aus der Kinder hervorgehen. Diese Prioritäten gibt die weit überwiegende Mehrzahl junger Menschen als eine Zielbestimmung für ihr Leben an.

Was in der öffentlichen Wahrnehmung meistens untergeht.

Die Sehnsucht ist da im Menschen. Der zweite Punkt ist – und er wird in der modernen psychologischen Forschung auch empirisch nachgewiesen – , was eine Person fähig macht, ein zufriedener, glücklicher Mensch zu werden, der in der Gesellschaft seinen Mann, seine Frau steht, ist die Erfahrung, verlässlich gebunden zu sein zu meinen allerersten Bezugspersonen. Das sagen im Grunde alle Tiefenpsychologen oder Bindungsforscher. Wenn Sie dann noch Psychotherapeuten danach fragen, was eigentlich die Hauptprobleme jener Menschen sind, die bei ihnen auf der Couch liegen, hören Sie, dass es in über achtzig Prozent der Fälle um folgende Fragen geht: Wie war es eigentlich mit Mama und Papa? Wer hat mich da allein gelassen? Wer hat mich lieber gemocht? Wer hat mich gar nicht gemocht? Wer hat mich verlassen? Die rein natürliche Identität eines Menschen hängt extrem stark ab von einer gelingenden Beziehung zwischen Vater und Mutter und der Beziehung der Eltern zum Kind. Man kann eigentlich nur den Kopf schütteln, dass diese Thematik so verdrängt wird zugunsten von Lebensmodellen, die zum Teil wirklich auch Ausfluss unserer egoistischen und individualistischen Gesellschaft sind.

Viele haben sich das nicht ausgesucht. Keiner will eigentlich, dass seine auf Langfristigkeit angelegte Beziehung scheitert. Aber unsere Gesellschaft neigt dazu, die Menschen auch dazu zu erziehen, dass sie nicht mehr beziehungsfähig sind. Mit vermutlich noch dramatischen Konsequenzen für diese Gesellschaft.

Wie Orwell beschreibt auch sein Schriftstellerkollege Huxley in »Schöne neue Welt« eine Gesellschaft, in der das Leben manipuliert oder auch bereits in Menschenfabriken künstlich hergestellt wird – nach den jeweils geforderten Eigenschaften und der Mode der Zeit. Was bislang als eine irre Horrorvision galt, nimmt inzwischen zunehmend realistische Züge an. Mit den Techniken des Genome Editing *oder* Genome Engineering *wird die Reproduktionsmedizin wohl eines Tages auch menschliche Klongebilde herstellen können. »Wir sind besser als Gott,« erklärte der amerikanische Genforscher und Neurowissenschaftler Ron McKay. Folgerichtig stellen wir das Leben zur Disposition – auch in der Frage, wann es beginnen darf und wann es enden muss. Dagegen steht das ethische Prinzip des Christentums: Das Leben ist heilig, es stammt von Gott, es ist unantastbar.*

Ich möchte zunächst auf das Postulat »Wir sind besser als Gott« eingehen. Dieser Ausruf geht von der Erfahrung aus, dass man das Leben des Menschen irgendwie optimieren und gestalten kann. Das stimmt ja auch. Kein Mensch ist ganz heil, weder am Leib noch an der Seele. Und jetzt fragen wir uns: Woher kommt das Heil? Kommt es durch technische Manipulierbarkeit, Herstellbarkeit, Machbarkeit? Kappen wir das Leben nicht besser gleich dort, wo es nicht mehr perfekt ist, um alles dann durch uns selbst weit besser zu gestalten? Das sind dramatische Fragen mit dramatischen Konsequenzen.

Als Christ glaube ich, Heil kommt letztlich allein aus der wieder erneuerten Beziehung zu Gott, zu Christus. Er ist der, der uns mit dem Vater versöhnt. Der uns den Weg ins Reich Gottes eröffnet. Die alte Theologie sagt: Christentum heißt auch »Sterben lernen ins Leben hinein«. Wenn es stimmt, dass Versöhnung mit Gott unsere wichtigste Lebensaufgabe ist, dann ist diese Möglichkeit bis zum letzten Augenblick unseres Lebens gegeben. Selbst im Sterben hat der Mensch noch die Chance, sein Leben mit Gott zu versöhnen. Das Leben selbst zu beenden, beraubt einen auch noch dieses Augenblicks.

Im Mittelalter hatte das Sterben einen ganz besonderen Stellenwert. Die Ars Moriendi, *die Kunst des Sterbens, war, diese Phase bewusst zu gestalten und zu erleben.*

Diese Kunst gibt es auch heute noch. Paulus sagt: Was bedeutet eigentlich die Taufe? Seine Antwort ist: »Ihr seid mit Christus gestorben, um mit Christus ins Leben zu kommen!« Bei dem langen Sterben von Johannes Paul II. konnte man sehr gut sehen, was das heißt. Die letzten Worte des Papstes waren der Überlieferung zufolge: »Ich bin froh, seid ihr es auch!« Da ist ein Mensch, der kann sich nicht mehr bewegen. Die ganzen psychophysischen Funktionen kollabieren. Er fällt in sich zusammen. Wie tief muss da einer im Glauben stehen, um in so einer Situation der dramatischen Vergänglichkeit noch solche Worte sprechen zu können! Das ist Glaube! Der Papst machte damit deutlich: Meine Existenz reicht weit über dieses nur biologische Leben hinaus.

Nun gibt es grenzwertige Fälle, wo jemand nur noch durch Geräte am Leben erhalten wird.

Wir haben hierfür bekanntlich Patientenverfügungen. Mit dieser Vorsorgevollmacht verfügt der Einzelne beizeiten, wie er in solchen Fällen behandelt werden möchte. Auch mit der Möglichkeit, die Maschinen abzuschalten, wenn nur noch die Vitalfunktionen aufrechterhalten werden können, mein Hirn aber tot ist, und ein vernünftiger Arzt dem Ganzen beisteht. Das bedeutet, der Natur ihren Lauf lassen. Und das ist auch christlich verantwortet.

»1984« ist die Zukunftsvision einer scheinbar vitalen, in Wirklichkeit aber entleerten, roboterhaften Gesellschaft, die ihre früheren Lebenszusammenhänge verloren hat. Mit Sicherheit hätte Orwell aktuelle Polit-Formeln wie Policital Correctness *und* Gender-Mainstreaming *aufgegriffen. Mit Ersterem ist der Meinungsdruck verbunden, der nur eine ganz bestimmte, »moderne« Moral als zulässig gelten lassen will. Gender-Mainstreaming wiederum – ein offizielles Programm der Vereinten Nationen und der Europäischen Union – wurde ursprünglich als eine Kampagne gegen die Benachteiligung von Frauen vorgestellt. Inzwischen haben Publizisten und Wissenschaftler deutlich gemacht, dass es sich hier um eine Ideologie handelt, die eine gegebene, natürliche Ordnung außer Kraft setzen will. Der Biowissenschaftler Hans Peter Klein beispielsweise sieht in den Gender-Studien eine »Pseudowissenschaft«, die »im eklatanten Widerspruch zu den Erkenntnissen der Biologie« stehe. Verändert der Genderismus die grundlegenden Strukturen der Gesellschaft?*

Die Schwierigkeit ist, zunächst einmal zu klären, wovon wir reden, wenn wir von Gender-Mainstreaming reden? Wenn es hier darum geht, Geschlechtergerechtigkeit herzustellen, dann bin ich ganz damit einverstanden. Und dann könnte man auf den Begriff »Gender« auch gleich wieder verzichten. Aber das Wort ist in der Welt, und die Frage, die daraus folgt, ist sofort: Was ist eigentlich Geschlechtergerechtigkeit? Und was ist Geschlecht? Hier gibt es dann manche Theoretiker und Theoretikerinnen, die mit dem Geschlechterbegriff das biologische Geschlecht auch noch einmal in die Verfügung der eigenen Ideen bringen und damit letztlich auflösen wollen. Hintergründig ist dies zugleich der Versuch, die biologischen Vorgaben ganz in die Verfügung des Menschen zu bringen. Also nicht mehr danach zu fragen, wie Gott seine Schöpfung eingerichtet hat, sondern selbst zu definieren, ob ich überhaupt Mann oder Frau sein will, weil jeder seinen Lebensentwurf unabhängig von diesen Herkunftsbedingungen gestalten können müsse. Da wird es Ideologie und ein Angriff auf gesellschaftliche Lebensverhältnisse.

Wir gehen von dem Grundverständnis aus: Da sind Mann und Frau, die beiden finden sich und gründen eine Familie. In der Familie wachsen wiederum Kinder männlichen und weiblichen Geschlechts heran. Das ist gewissermaßen das »Normale«. In dem Wort steckt der Begriff »Norm«. Das heißt, vom Normalen her finden wir auch die Größe, die normativ ist, die bestimmend ist. Gender, als Ideologie verstanden, will diese Normativität des Normalen aushebeln. Ich bin fest davon überzeugt, dass das eine Gefahr für die Gesellschaft ist.

Bemühen wir noch einmal die Klassiker von Orwell und Huxley, die wir in ihrer prophetischen Kraft ja erst in unseren Tagen ganz verstehen können. Den Lifestyle prägt in »Schöne neue Welt« die Propaganda für einen triebhaften, seelenlosen Sexgenuss ohne jede persönliche Beziehung. »Everybody is happy now« sind die Slogans dieser Welt, in der eine omnipotente Reklamemaschinerie einen rauschhaften Zu-

*stand des Glücks und die Befreiung von früheren Fesseln
verspricht. Auch Orwell kennzeichnet die Hypersexualisie-
rung als Moment einer gleichgeschalteten Spezies. In seinem
»Wahrheitsministerium« sorgt eine eigene Abteilung – sie
heißt Pornosec – für eine durchgehende Pornographisierung
der Öffentlichkeit: »Es gab sogar eine ganze Unterabtei-
lung – Porno-Ro hieß sie in der Neusprache –, die sich mit der
massenhaften Erzeugung der niedrigsten Art von Pornographie befasste.«*

*Ein Blick auf heutige Medien macht deutlich, wie nah wir –
nicht zuletzt mit Porno als eine Art Popkultur – inzwischen an
das Orwellsche Pornosec herangekommen sind. Mit Kirche
und Religion wird hingegen eine Diskriminierung von Sex
verbunden. Die Frage ist: Wenn ein Schöpfer in den Sex so viel
Spaß legt – wie sollte es dann Sünde sein, seine Sexualorgane
nicht nur zur Fortpflanzung zu nutzen?*

Ja, der Schöpfer hat ganz viel Freude und Lust da hineingelegt. Aber wir sehen auch, dass Sexualität nicht nur der
Anfang von Spaß, Freude und Erfüllung sein kann, sondern
ganz oft auch der Anfang von Verletzung, von Beziehungs-
störung bis hin zu Gewalt, Mord und Krieg. Das ist die
Doppelgesichtigkeit der Sexualität. Wir wissen, dass es
auf der einen Seite die Möglichkeit gibt, Sexualität als Ausdruck wirklich personaler Hingabe zu leben, als Liebesspiel
von Geben und Empfangen mit der Partnerin. Umgekehrt
ist es möglich, den anderen einfach nur zu benutzen, sich
an ihm zu befriedigen und dann gewissermaßen abzuschie-
ben.

Jeder Mensch weiß deshalb im Grunde, dass es darum geht,
seine Sexualität zu kultivieren, sie reifen zu lassen. Nach
christlichem Verständnis bedeutet das, sie zu personalisieren,
also immer mehr zu integrieren in das, wozu Sexualität eigentlich gemeint ist. Ich weiß, der Zeitgeist sieht das anders.

Aber nach katholischer Überzeugung führt die Ablösung von Sexualität von dem Ort, wo sie ursprünglich hingehört – nämlich in eine dauerhafte Beziehung, aus der wieder Leben entstehen kann – auf lange Sicht zu so etwas wie Entpersonalisierung von Sexualität.

Was ist mit der Lust an sich? Es gibt schönen Sex, ohne nun gleich auch eine tiefe Beziehung mit jemandem haben zu müssen.

Ja, aber das Verletzungspotenzial, das in der Sexualität liegt, lässt sich nicht völlig abspalten. Wenn ich sage, okay, das ist für mich jetzt nur die pure Lust, so wird das letztlich auch den Menschen entmenschlichen.

Diese Triebe sind doch auch zutiefst menschlich.

Aber man sieht auch an den Schlüssen George Orwells, welche Entwicklungen aus einer völlig entmenschlichten Sexualität entstehen können. In meiner Arbeit als Jugendseelsorger, als Salesianer, hatte ich immer wieder auch mit seelisch kranken jungen Menschen zu tun, die sich dann im seelsorglichen Gespräch geöffnet haben. Ich erinnere mich an einen jungen, vielleicht zwanzigjährigen Mann, der mir anvertraute, er konsumiere seit zehn Jahren harte Pornographie. Und das ist beileibe kein Einzelfall. Aber wenn man dann genauer hinschaut, dann spürt man auch, dass junge Menschen, die so intensiv in diesem Bereich unterwegs sind, Schwierigkeiten haben, Ordnung für das eigene Leben zu gewinnen; sie haben Schwierigkeiten, ein sinnvolles, verantwortungsvolles Leben zu leben, tiefer gehende Beziehungen einzugehen; sie haben Schwierigkeiten, sich generell bei Genussformen zu kontrollieren, gerade auch was Alkohol und Drogen betrifft. Von daher weiß ich: Dieses Zeug macht unsere Kinder und Jugendlichen kaputt.

Bleiben wir bei einem der Themen aus dem sexuellen Komplex. Der Umgang der Kirche mit Homosexualität wird auch weiterhin die Debatte bestimmen.

Und noch verschärfen.

Viele Menschen verstehen die Haltung der Kirche Homosexuellen gegenüber als Ausgrenzung und Diskriminierung. Sie selbst sind durch die Verteidigung der katholischen Lehre hier heftig attackiert worden.

Die Kirche sagt seit zweitausend Jahren: Ausgelebte Sexualität hat ihren genuinen Ort in einer Ehe zwischen einem Mann und einer Frau, die auf Dauer angelegt und offen ist für Nachwuchs. Alles andere entspricht nicht dem innersten Wesen von Sexualität. Wir fragen heute danach: Ist das richtig? Und ganz viele bezweifeln es. Ich persönlich bin der Überzeugung, die Kirche hat hier recht. In dem, was Jesus will, geht es immer um die Qualität von Beziehung. Und Qualität von Beziehung schließt die sexuelle Dimension mit ein. Das heißt, glaube ich, dass, wenn der Herr in mein Leben tritt, er nicht nur meine Liebesfähigkeit verändert, sondern dass er mich befähigt, mit meiner Sexualität so umzugehen, dass sie seinem Willen entspricht. Und seinem Willen entsprechen – so glauben wir – heißt entweder Ehe oder Enthaltsamkeit. Aber das kann ich nicht aus mir selbst leben. Ich kann auch den Zölibat nicht alleine aus mir selbst, sondern nur aus der Kraft Gottes leben. In mir gibt es auch viele Regungen und Triebe, aber der Herr hilft mir so zu leben, wozu er mich berufen hat. Und dieser Weg ist übrigens eine Herausforderung für alle Menschen, die, aus welchem Grund auch immer, nicht in einer Ehe leben oder auch nicht in einer gelingenden Ehe: der Jugendliche, den es so drängt, endlich alles auszuprobieren, der Single, der niemanden als Partner findet, der Ehepartner, dessen Mann/Frau krank und zum Beischlaf unfähig geworden ist und so weiter ... Jeder, der sich hier unter den Anspruch Gottes stellen will, ist mit dieser Herausforderung konfrontiert: Ehe oder Enthaltsamkeit.

Angenommen, ich habe eine homosexuelle Tochter, einen homosexuellen Sohn oder Bruder – wie gehe ich damit um?

Zunächst einmal es ist ganz wichtig, dass man das wahrnimmt und annimmt und sagt: Das ist jetzt so. Dass der Mensch sich in dieser Situation zunächst einmal bejaht und sagt: Ja, ich kann das jetzt nicht einfach wegdrängen. Ich spüre in mir mein Verlangen, meine Begierde, meine Sehnsucht – all das ist in mir da, und ich muss jetzt lernen, mit der Hilfe Gottes damit umzugehen. Wegdrängen hat etwas Gewaltsames, aber Annahme, die Umarmung des eigenen Soseins gewissermaßen, ist etwas, das wachsen lässt.

Wie gesagt: Jeder Mensch ist berufen, seine Sexualität zu personalisieren, das heißt, sie in den ganzen Menschen zu integrieren, so dass sie mit der Person übereinstimmt. Und wir glauben, mit der Hilfe Gottes gelingt es. Aber da muss man erst einmal das Wort »mit der Hilfe Gottes« verstehen und das nicht nur als Idee irgendwie im Kopf haben, sondern als etwas im Herzen, was mir etwas sagt. Wenn ich das nicht habe, wenn es nicht gelingt, sich für diese Form des Glaubens zu öffnen, wird man sagen: Ja, du empfindest homosexuell und du hast die Sehnsucht auch nach sexueller Vereinigung, also geh verantwortungsvoll mit deinem Partner um. Wenn du aber wissen willst, was die Perspektive Gottes auf dieses Leben ist, dann sage ich dir noch einmal was anderes. Dann ist es die Herausforderung, sich eben genau so anzunehmen, wie ich mich gerade erfahre – und sich dann aber zugleich immer neu unter den liebenden Blick Gottes zu stellen und ihn zu bitten, mir zu helfen, dass Er, Gott selbst, immer mehr der wichtigste Inhalt meines Lebens wird, so dass ich den anderen in dieser speziellen Form der sexuellen Begegnung nicht mehr »brauche« und schon gar nicht »gebrauche«. Dieser Weg ist steinig, für jeden, egal welcher Orientierung. Er ist anspruchsvoll, man wird immer wieder scheitern, jeder. Denn letztlich ist es sogar der Weg jedes Christen, auch im Bereich der eigenen Sexualität so zu wachsen, dass ich immer freigebender werde, dass ich den anderen immer mehr um seinetwillen meine. Und nicht primär um meiner Begierde willen. Theologisch heißt das: Eros muss von Agape durchdrungen werden. Und die Messlatte, die Jesus in Bezug auf den Eros legt, liegt hoch: Wer eine Frau nur lüstern ansieht, hat mit ihr schon die Ehe gebrochen, sagt er zum Beispiel in der Bergpredigt.

Im Katechismus der katholischen Kirche heißt es unter Ziffer 2358: »Eine nicht geringe Anzahl von Männern und Frauen haben tief sitzende homosexuelle Tendenzen … Ihnen ist mit Achtung, Mitgefühl und Takt zu begegnen. Man hüte sich, sie in irgendeiner Weise ungerecht zurückzusetzen. Auch diese Menschen sind berufen, in ihrem Leben den Willen Gottes zu erfüllen.«

Die Schwierigkeit ist, dass uns das viele homosexuelle Menschen nicht glauben. Warum? Weil das Thema sexuelle Orientierung stark mit Identität verknüpft wird und man eine andere Haltung bereits als Angriff auf die eigene Person und als Diskriminierung sieht.

Eine Ihrer Aussagen im Zusammenhang mit homosexuellen Menschen lautet: »Es ist doch völlig selbstverständlich, dass Werte wie Treue und gegenseitige Sorge auch bei Menschen ihren positiven Wert und Reichtum haben, die im Hinblick auf ihre Sexualität nicht nach dem leben, was wir für Gottes Gebot halten.«

Wenn ich das Handeln vom Personsein trenne, kann, ja muss ich sagen: Ich muss jeden Menschen achten in seiner Würde, auch Menschen, die ganz anders leben, als ich es für richtig finde. Die muss ich achten, weil sie ganz einfach Kinder Gottes sind. Respekt ist immer geschuldet. Aber diese grundsätzliche Achtung muss nicht bedeuten, dass ich gleichzeitig jede Handlung eines Menschen gutheiße. Und trotzdem ist es wichtig, auch diejenigen Handlungen gutzuheißen, die es tatsächlich nach unserem Glauben auch sind. Und der verantwortungsvolle Umgang füreinander ist das immer.

Sie selbst sind als katholischer Priester zur Enthaltsamkeit verpflichtet. »Ich bleibe natürlich ein normales Mannsbild, das auch sieht, dass es Menschen anderen Geschlechts gibt, die attraktiv sind«, äußerten Sie als Bischof. Frauen würden »etwas in Bewegung bringen in meiner psychophysischen Natur«. Nett ausgedrückt.

(lacht) Ich höre ja nicht auf, ein Mannsbild zu sein.

Und Sie sind dennoch ein Verfechter des Zölibats?

Ja, natürlich. Das ist jetzt eine Frage, die tief führt. Was bedeutet eigentlich der Zölibat? Wir ahmen als Christen die Lebensform Jesu nach. Was hat Jesus Neues gebracht? Wir glauben, er hat die Möglichkeit gebracht, durch die Taufe auf seinen Namen hin neu geboren zu werden. Jetzt spitzen wir den Unterschied einmal zu: Jedes bloß biologische Leben geht vom ersten Moment der Geburt an auf den biologischen Tod zu. Jedes Leben, das in Jesus getauft wird, bildet über das Biologische hinaus auch den Anfang eines neuen, ewigen Lebens. Dieses ewige Leben lebt aus der Liebe des Herrn, und die Liebe des Herrn wiederum ist im tiefsten Sinn keusche Liebe.

Keusche Liebe bedeutet in diesem Zusammenhang: Ich will den anderen um seinetwillen bejahen und nicht hintergründig um meinetwillen.

Was hat das mit dem Zölibat zu tun?

Dass mich mein zölibatäres Leben aufs Ganze liebesfähiger macht. In einem keuschen, einem freigebenden Sinn, der dem anderen um seinetwillen dienen will, weil auch der andere ein Kind Gottes ist. Wenn das nicht gelingt, hätte der Zölibat in der Tat keinen Sinn. Wissen Sie, die Leute haben zu mir als Ordensmann »Pater« gesagt, Vater. Was ist das für eine Fruchtbarkeit! Der Zölibatäre bezeugt die Kraft eines neuen Lebens, das im anderen anfängt zu wachsen. Eine solche Priestergestalt ist freigebig, großherzig, sie will nichts nur »für sich«. Sie verschenkt und sie verschenkt sich.

Auch ein verheirateter evangelischer Pfarrer oder orthodoxer Priester kann fruchtbar sein.

Ja, er kann fruchtbar sein, aber die Kirche würde, wenn sie den Zölibat bleiben ließe, auf ein Charisma verzichten, das ihr in der Nachfolge Jesu geschenkt ist. Sie hat immer gewusst, dass es einen tiefen Zusammenhang gibt zwischen dem Verhältnis des Menschen zu seiner Sexualität, zu seiner Begierde, zu seinem Ringen um Geschlechtlichkeit einerseits und der Klarheit und Kraft seiner Verkündigung andererseits. Also es gibt so etwas wie – wie soll ich sagen? Ich fange einmal anders an. Die Ursünde Israels ist der Tanz ums Goldene Kalb …

Sie neigen zum Grundsätzlichen.

Ja, wenn Sie mir solche Fragen stellen! (lacht) Tut mir leid! Also, die Ursünde Israels ist der Tanz ums Goldene Kalb. Was ist dort passiert? Mose ist auf dem Berg. Er erwartet die Zehn Gebote, aber das weiß das Volk noch nicht. Sie halten jedenfalls diese Spannung nicht aus. Sie machen sich das Kalb, tanzen drum herum. In der Bibel heißt es: Dann standen sie auf und sie vergnügten sich. Und dieses Sich-Vergnügen hat eindeutig sexuelle Konnotationen. In dieser Passage haben wir im Grunde das ganze Sexualthema mit drin. Sie besagt: Es gibt einen tiefen Zusammenhang zwischen der rechten Gottesverehrung und der rechten Ordnung im sittlichen und sexuellen Leben. Das sieht auch Paulus im Römerbrief so. Die Menschen haben Gott erkannt, schreibt er, aber sie haben ihm nicht gedankt und ihn nicht als Gott geehrt. Deswegen verfielen sie in ihrem Denken der Nichtigkeit. Gott liefert sie gewissermaßen den Leidenschaften aus.

Wir glauben deshalb, dass das rechte Verhältnis zu Gott hineinbindet in die rechte Fähigkeit, die eigene Sexualität zu leben. Und umgekehrt: Gott zu einem Götzen zu machen bringt mein eigenes sittliches Leben in Unordnung. Und das zölibatäre Leben ist darüber hinaus ein Zeugnis: Gott alleine genügt. Nicht im Sinn von ich und mein lieber Gott und die Welt kann mir gestohlen bleiben, sondern im Sinn von ganz im Dienst Gottes des Vaters zu stehen, im Dienst an der Zeugung neuen, ewigen Lebens durch die Taufe, im Dienst an der neuen Geburt der Gotteskinder. Das gelingende zölibatäre Leben ist eine Provokation für die Welt. Aber es ist ein Charisma, das Gott uns schenkt. Ein wirklich gelingendes zölibatäres Leben ist dann allerdings wirklich nur mit der Hilfe Gottes aus dem Gebet möglich.

4

Lassen Sie uns bei unserem Blick auf die Visionen von Orwell und Huxley ein letztes typisches Merkmal für die gleichgeschaltete Zukunftswelt von »1984« ansprechen: die Manipulation der Geschichte. Jegliche Erinnerung an altes Wissen, an Tradition und Religion wird hier systematisch ausgemerzt. Die neuen Bürger sollen gar nicht erst auf die Idee kommen, dass es ein anderes Leben, ein anderes Denken als das gegenwärtig verordnete überhaupt gegeben haben könnte. »Wer die Vergangenheit beherrscht«, lautet die Parole, »beherrscht die Zukunft.« Der Mensch sollte sogar vergessen, ein Gewissen zu haben, das ihm sagt, dass man bestimmte Dinge nicht tun dürfe. Eine ganze Abteilung des »Wahrheitsministeriums« ist deshalb damit beschäftigt, historische Überlieferung gemäß den »Wahrheiten« der neuen Zeit umzuschreiben. Täuscht der Eindruck, dass heute das Wissen aus unserer geistlichen Geschichte offenbar so unbequem geworden ist, dass man es eher in der Versenkung verschwinden lässt, insbesondere was religiöse Inhalte und Formen betrifft?

Um hier das Thema Gender noch einmal aufzugreifen: Den von Ihnen beschriebenen Eindruck habe ich am stärksten dort, wo Gender zur Ideologie wird. Hier kommt ein Programm zum Vorschein, mit dem man sich gegen das scheinbar überkommene Menschenbild wendet. Werde, der du bist, heißt die Parole, egal ob Mann oder Frau. Insbesondere die christlichen Vorstellungen von Liebes- und Beziehungsfähigkeit gelten als veraltet. Wir fangen jetzt neu an, heißt es, weil wir jetzt neu wissen, wie der Mensch zu konstruieren ist.

Wenn wir Begriffe aus der Sprache streichen, verändert sich auch unser Denken. Und erst recht, wenn wir die Erinnerung auslöschen.

Mich hat immer fasziniert, dass Märchen stets mit den Worten »Es war einmal …« beginnen. Mit diesem Einstieg wird man in eine Vergangenheit versetzt, aber dieses In-eine-Vergangenheit-versetzt-Werden bedeutet einerseits, zu den eigenen Quellen zu gehen. Erinnerung heißt: Was ist in mir verinnerlicht? Schon die Wörter drücken das aus: Erinnerung und Verinnerlichung. Es geht um die innere Seite. Was ist meine ursprüngliche Herkunft? Das historische Gedächtnis löschen bedeutet im Prinzip, die Ursprünge von Menschsein als Gabe, als Geschenk, als Überlieferung auszulöschen. Dahinter steckt erneut der Versuch, die Realität in den selbstmanipulativen Griff zu bekommen und nach eigenem Gutdünken zu formen. Mit zumeist verheerenden Folgen.

Über Angst haben wir bereits gesprochen. Unsere so angstbesetzte Gesellschaft hat vor allem Möglichen Angst, aber vor einem hat sie anscheinend gar keine Angst mehr, das ist Diabolos. Das Wort bedeutet: der Durcheinanderwerfer. Die Zunahme des Bösen in der gegenwärtigen Welt ist ein Faktum. Es beschränkt sich nicht auf Krieg und Terror. Forscher registrieren eine auffallende »Vermehrung an empirisch messbarer Grausamkeit und unverständlicher Bosheit« in der Gesellschaft. Deutlich wird zugleich die gesellschaftliche Akzeptanz eines Verhaltens, das man, altmodisch gesprochen, einmal als »sündhaft« bezeichnet hatte. »Die Wirklichkeit des Bösen ist nicht bloß ein Mangel«, hielt Paul VI. fest, dieser allem Mystizismus abgeneigte Papst, »sondern eine wirkende Macht, ein lebendiges geistiges Wesen, das pervertiert ist und selbst pervertiert … Wer sich weigert, diese Realität anzuerkennen,

verlässt den Boden der biblischen und kirchlichen Lehre.«
Aber ist diese Lehre nicht eher ein Relikt aus dunkler Vergan-
genheit, wie viele glauben? In der neueren Theologie spielt sie
kaum noch eine Rolle.

Das ist richtig, und ich bin froh, dass Papst Franziskus in vielen Predigten immer wieder auf die Existenz des Bösen hin-
weist. Im *Vaterunser* beten wir: »… und erlöse uns von dem
Bösen.« Selbst liberale Exegeten sagen, in diesem Gebet meint
Jesus nicht einfach *das* neutrale Böse, sondern *den* Bösen.
Dieses »der Böse« ist eine personale Größe, wie es Paul VI.
sagt, der ein unglaublich verführerisches Potenzial hat. Ich
halte es dabei mit denen, die sagen, die größte List des Teufels
ist die, den Menschen weiszumachen, dass es ihn nicht mehr
gibt, sondern dass das alles nur strukturell ist oder psycholo-
gisch erklärbar. Ja, es gibt *den* Bösen, und der versucht mit
allen Mitteln zu verhindern, dass der Mensch ein Wesen wird,
das immer mehr auf Gott bezogen ist.

Wir wollten in diesem Kapitel der Frage nachgehen, ob die
»Gottesfinsternis«, von der Benedikt XVI. sprach, Auswir-
kungen hat auf bestimmte Entwicklungen unserer heutigen
Gesellschaft oder sie womöglich gar verursacht hat. Ein klassi-
scher Topos für »Gottesfinsternis« ist die biblische Erzählung
vom Turmbau zu Babel (Gen 11,1-9). Sie beschreibt die allge-
meine Verwirrung, die im Zuge des Hochmuts, sich selbst zum
Herrn zu machen, über die Menschen kommt. Die Zusage des
Allmächtigen, er werde den Bund mit den Menschen niemals
auflösen, wie es bei Jesaja heißt, bleibt bestehen. Anteil an sei-
nem Agreement haben allerdings nur diejenigen, die von ih-
ren Sünden umkehren. Gleichzeitig lesen wir im Alten Testa-
ment an mehr als 500 Stellen auch vom »Zorn Gottes«. Und
nicht nur da. Es sei ein populäres Missverständnis, so der evan-
gelische Theologe Jörg Jeremias, dass dieser »Zorn Gottes«

nicht auch die neutestamentlichen Gottesaussagen präge. Viele zeitgenössische Theologen empfinden diese Aussagen als eher peinlich. Hat sich der »Zorn Gottes« in Rauch und Nebel aufgelöst? Gibt es ihn nicht mehr?

Doch, es gibt ihn noch. Gott ist Liebe. Und wenn das die Wesensaussage Gottes ist, lässt sich in der Tat fragen: Kann in der Liebe auch Zorn sein? Wie ist das versöhnbar, Liebe und Zorn? Um es in einem Beispiel zu sagen: Stellen Sie sich vor, Sie sind ein liebender Vater und haben ein kleines Kind. Sie haben dem schon hundert Mal gesagt: Bleib hier, da vorne ist die Straße, lauf da nicht drüber! Und dennoch rennt das Kind irgendwann mal einfach unbeherrscht drauflos. Als Vater stürzen Sie hinterher und schimpfen Ihr Kind: Habe ich es dir nicht hundert Mal gesagt?!

Papst Franziskus würde ihm bekanntlich sogar einen Klaps geben.

Ja, Franziskus weiß natürlich um so etwas. Zu unserem Beispiel zurück: Sie sind nicht zornig, weil Sie Ihr Kind hassen, sondern weil Sie es lieben und Angst haben, dass es ins Verderben rennt. In diesem Sinn lässt sich sagen: Der Zorn Gottes ist Ausdruck seiner Liebe, die die Sünde hasst. Die Sünde als die Selbstentfremdung des Menschen, von sich und von Gott. Das Feuer des Zornes Gottes ist gewissermaßen das Feuer der Liebe, das mich, wenn ich selbst nicht in der Liebe bin, wenn ich mich von Gott abwende, von außen her verbrennt.

Rechnen Sie mit dem Zorn Gottes?

Ich rechne mit der Liebe Gottes, und die hat manchmal Formen, die uns als Zorn erscheinen.

Könnte man nicht auch sagen, »Zorn Gottes« bedeutet: Wir richten uns selbst? Durch unser Verhalten? Durch unseren Mangel an Achtsamkeit, durch ein bestimmtes Denken und Handeln – letztlich durch Gottlosigkeit?

Ja, wenn wir in der Distanz von Gott leben, ziehen wir uns das Fehlen der Liebe Gottes, das Richtende, selbst zu. Stellen Sie sich vor, Sie leben durch einen beruflichen Auftrag vorübergehend von Ihrer Frau getrennt im Ausland. Ihre Frau liebt Sie sehr, aber Sie fangen dort ein Techtelmechtel an. Eines Tages will Sie Ihre Frau mit ihrem Besuch nett überraschen, aber sie findet Sie in den Armen der anderen. Wie fühlen Sie sich dabei? Wenn die Sie mit Liebe ansieht und gleichzeitig mit all dem Entsetzen über das, was sie vorfindet? Im Licht dieser Wahrheit würden Sie am liebsten vergehen, sich ins nächste Erdloch verkriechen. Das ist so etwas wie Gericht. Der Zorn Gottes ist gewissermaßen die Kehrseite seiner Liebe, die die Sünde an uns hasst, weil sie uns, sein Kunstwerk, sein Lieblingsgeschöpf, so entstellt.

Fragen lassen müssten wir uns bei so einer Begegnung wohl auch, was die sogenannte Zivilgesellschaft inzwischen alles duldet. Den schrecklichen medialen Schmutz zum Beispiel, dem unsere Kinder ausgesetzt sind. Die Maschinerien der Verdummung, die unseren Geist perforieren. Wir dulden die Lüge als gesellschaftsfähigen Konsens. Wir dulden die Egalisierung der Familie, die unfassbar viel für diese Gesellschaft aufbringt. Wir nehmen Manipulation und Tötung in den Anfangs- und Endstadien menschlichen Lebens hin, als habe das nichts zu bedeuten. Es ist noch nicht so lange her, seit atheistische Systeme in Ost und West ein Europa ohne Gott schaffen wollten – am Ende hinterließen sie verbrannte Erde, Millionen an Toten und die Krematorien des Holocaust, durch den das »Volk Gottes« von der Erde vertilgt werden sollte. Wieso lernen wir so wenig aus den Erfahrungen mit dem Atheismus und seiner Herrschaft?

Das Verführerische ist, dass die Formen des neuen Totalitarismus unter den Vorzeichen des Vergnügens, der Freiheit, der Liberalität daherkommen. Dieses Bewusstsein und die Möglichkeiten, zum Beispiel Selbstoptimierung auch real umzusetzen, das haben wir in dieser Weise noch nicht gekannt. Das ist nicht einfach eine Wiederholung der Geschichte. Jetzt kommt womöglich ein neuer Totalitarismus. Hier kombiniert sich eine schleichende Gottesvergessenheit mit der Dominanz einer neuen Philosophie, die uns weismachen will: »Ich darf zutiefst ich selbst sein, ich kann alles machen.« Und wir spüren nicht, wie wir offenen Auges in die Sklaverei laufen.

Benedikt XVI. schrieb 2009 in einem Brief an alle Bischöfe: »Das eigentliche Problem unserer Geschichtsstunde ist es, dass Gott aus dem Horizont der Menschen verschwindet und dass mit dem Erlöschen des von Gott kommenden Lichts Orientierungslosigkeit in die Menschheit hereinbricht, deren zerstörerische Wirkungen wir immer mehr zu sehen bekommen.«

Aber das ist eigentlich auch eine Wiederholung von Paulus im Römerbrief. Sie haben Gott erkannt, sagt der Apostel, aber sie haben ihn nicht als Gott geehrt und ihm nicht gedankt. Das heißt, irgendwie gibt es das Gerücht von Gott, aber dass er tatsächlich in meinem Leben eine Rolle spielen kann, das glaube ich nicht, das will ich nicht. Und das verneine ich. Das ist letztlich auch der Grund, warum es zur Katastrophe kommt. Das sagt nicht nur Paulus, das ist die Aussage der gesamten Heiligen Schrift, von der ersten bis zur letzten Seite.

Kann man sagen, die biblischen Warnungen haben sich jeweils erfüllt?

Die Bibel sagt ganz klar: Die Sünde, das heißt die Entfernung von Gott, der Ungehorsam Gott gegenüber, das Herausfallen aus seiner Liebe, ist der Anfang von allem Übel, das die Menschheit betroffen hat. Ja, die Gottferne des Menschen ist der Anfang von allem Übel.

Die entscheidende Frage für die Zukunft der Menschheit ist, ob wir alles, was wir tun können, auch tun dürfen. Durch das gewaltige Potenzial an Vernichtungsmöglichkeiten, das wir geschaffen haben, wird die Alternative eines nicht allzu fernen Tages nur noch lauten: Sein oder Nichtsein! Irgendwie haben wir das inzwischen ja auch erkannt. Die dahinterstehende Frage ist dann allerdings: Wer sollte uns eigentlich von unserem Tun abhalten können? Welche Idee, welche Organisation, welche moralische »Macht« hätte überhaupt die Kraft, uns zur Selbstbeschränkung bewegen zu können?

Im Prinzip, glaube ich, ist das natürlich nur die Kirche, sind es nur die Christen. Aber es müsste eine Kirche sein, die aus der Kraft der Armut, des wirklichen, tiefen Glaubens und letztlich aus der Kraft der Heiligkeit lebt. Im Grunde müssen wir Gott wirken lassen in uns und durch uns, damit eine Wende kommt. Vielleicht gibt es, bevor eine Wende kommt, eine große Katastrophe, die den Menschen wieder, weil er so viel leiden muss, zu Gott zurückführt. Nach dem Zweiten Weltkrieg waren die Kirchen voll …

Und niemand wäre auf den Gedanken gekommen, Christentum und Kirche seien die wahren Hemmnisse für Fortschritt und Zivilisation.

Na ja, die Nazis schon. Und die Kommunisten auch. Aber klar, nicht nach dem Krieg …

Nach dem höllischen Terror und dem unfassbaren Wüten des Bösen war jedermann deutlich: Die Apokalypse ist eingetreten.

Ja. Und wenn wir heute sagen: Was hat denn die kommunistische Ideologie zu Fall gebracht, dann ist es doch auch die Kraft des Glaubens gewesen, die die Wende einleitete. Angefangen in Polen durch Solidarność, Johannes Paul II. und die katholische Kirche, später in der DDR mit den Montagsdemonstrationen durch die evangelischen Kirchen. Also, das Evangelium hat letztendlich befreiende Kraft, auch in der Befreiung von den Totalitarismen. Die Frage ist, ob wir das Evangelium wieder neu zur Geltung kommen lassen.

Und ob wir wieder wagen, die entscheidenden Fragen zu stellen: Wer, was ist der Mensch?

Im Grunde kann man sagen, die Christen wissen besser als jedes andere weltanschauliche System, wer der Mensch ist und was für den Menschen gut ist. Auch wenn uns das viele nicht mehr glauben.

Ist die Botschaft Jesu in dieser vielfach gefährdeten Welt nicht auch ein Angebot, das man eigentlich gar nicht ablehnen kann?

Aber spüren die Menschen die Drangsal unserer Epoche? Verschwinden die Elemente, die wir als Gefahren ausgemacht haben, nicht auch unter einer Wolke der Betäubung, der Veroberflächlichung und Banalisierung? Gerade auch, weil sie unter dem Vorzeichen von Liberalisierung und Fortschritt daherkommen?

Aber niemand kann doch heute übersehen, dass wir immer
kränker, kaputter und anfälliger werden. Dass unsere Kraft
nachlässt, weil wir biologisch nicht gebaut sind für den stressi-
gen Lifestyle unserer Zeit. Wir spüren, dass Freude, Glücksemp-
finden und innere Mitte immer schwerer zu finden sind. Dass
Menschlichkeit verlorengeht. Gegen den Wahnsinn unserer
Zeit ist deshalb ja längst auch eine Widerstandsbewegung im
Gange, die das Tempo herunterfahren will und wieder nach
Einfachheit, Identität, nach Inhalt und eben auch nach Spiri-
tualität fragt. Niemand möchte zurück in die Steinzeit. Aber
wir suchen nach Wegen, das kulturelle und geistige Erbe der
Menschheit mit den großartigen Möglichkeiten moderner
Technik und Lebensweise zu verbinden. So gesehen wäre das
Christentum in Wahrheit nicht der Gegner der Moderne, son-
dern im Grunde ihr progressiver Vollender.

Das Christentum ist allerdings kein Ideal im Sinne von: Ich
habe Ideen, ich habe Forderungen und ich habe eine Botschaft. Manchmal wehre ich mich sogar zu sagen, das Evangelium ist eine Botschaft. Was die Apostel verkündigt haben,
war die Gegenwart Jesu. Es ist die Erfahrung: Der Herr ist
gegenwärtig. Er geht mit uns. Er tut Zeichen und Wunder,
voll Kraft und voll Geist. Der Heilige Geist ist eine Wirklichkeit. Jeden Tag hören wir in den Nachrichten tausend Botschaften. Aber das Evangelium ist nicht eine Botschaft von
vielen, sondern das Evangelium ist das Eröffnen einer neuen
erfahrbaren Wirklichkeit.

Das Wort ist Fleisch geworden, wie es in der Bibel heißt, aber
das Fleisch ist auch Wort geworden. Die Bergpredigt Jesu war
der entscheidende Durchbruch auf eine humane Gesellschaft
hin. Sie wurde nachgerade zur Magna Charta einer entwi-
ckelten Zivilisation. Und das, obwohl sie in vielen Punkten
eigentlich wider alle gewohnte menschliche Vernunft ist. »Lie-

be deine Feinde!« Wer wollte das unterschreiben? Und dennoch ist es der einzige Ausweg aus der Spirale der Gewalt. Selig zu preisen sind die, die nicht auf ihren Vorteil achten? Nach unseren Maximen ist das eigentlich Irrsinn. Selig die Armen? Selig, die Leid tragen? Selig die Sanftmütigen, die Barmherzigen; selig, die um der Gerechtigkeit willen verfolgt werden, die ein reines Herz haben? – Wer heute in einer Talkshow solche Parolen verkünden wollte, würde verspottet werden. Aber Jesus verkündet nicht aus der menschlichen Vernunft, sondern aus einer höheren Vernunft heraus. Mit ihm war etwas in die Welt gekommen, das alles Bisherige übersteigt.

Und wer hilft den Menschen, das wiederzuentdecken?

In Frankreich zum Beispiel ist die katholische Kirche nach dreißig Jahren des Rückgangs wieder im Aufschwung. Beobachter registrieren das Erwachen eines selbstbewussten Katholizismus, seine Stimme wird in den politischen, kulturellen und wirtschaftlichen Debatten wieder gehört. Die Zeitung Le Figaro hat dafür den Begriff »Neokatholiken« geprägt. Das sind Christen, die sich nicht scheuen, ihren Glauben unverkürzt zu leben und zu verkünden. Eine wichtige Rolle in dieser Erneuerungsbewegung spielten die Bischöfe von Paris, der inzwischen verstorbene Kardinal Jean-Marie Lustiger und sein Nachfolger, Kardinal André Vingt-Trois. Vielleicht kann ja Bischof Oster dem nacheifern?

(lacht) Ja, der bemüht sich. Die Umkehr und Erneuerung ist jedenfalls das, was mich am allermeisten umtreibt.

Kürzlich schrieb mir ein befreundeter protestantischer Christ, ein älterer Herr, über seine Gotteserfahrung. »Die Quintessenz für mich ist«, hieß es in der E-Mail, »dass es schlicht unsere Seele beruhigen darf, dass Gottes Geist niemals von uns weichen wird. Aber verfügbar wird er für uns nur sein, wenn wir unseren eigenen Herrschaftsanspruch aufgeben und die Souveränität Gottes in Wort und Tat anerkennen.« Und dann meinte er noch: »Ohne Umkehr kein verfügbarer Heiliger Geist. Der permanente Vollzug der Umkehr gilt nach meinem Empfinden für den Einzelnen (also mich) ebenso wie für die Kirche als der Leib Christi.«

Ja, darum geht es. Wie eröffnen wir den Menschen Räume, in die sie eintreten können, in denen sie etwas verstehen und erfahren? Dass der Glaube eben nicht nur irrational ist, sondern vernünftig. Dass er das Herz berührt und das Herz verwandelt. All das passiert in der Eucharistie. Aber man braucht gewissermaßen einen langen Anlauf, um das auch wirklich verstehen zu können. Herzensmäßig. Wo und wie gibt es also Räume, wo wir Glauben wirklich kommunizieren können und versuchen, ihn verstehbar zu machen? Wo finden Menschen in Formen des Gebets hinein, in denen sie nicht bloß Wörter sagen, sondern auch wirklich selbst in dieses Gebet hineingenommen werden und Wandlung erfahren? Das bleibt die große Aufgabe unserer Gegenwart.

Lassen Sie mich zu guter Letzt ein Wort meines Kollegen Jan Roß von der Zeit zitieren. »In der Religion hat die Menschheit zuerst das Bedürfnis erlebt und erfüllt bekommen«, schreibt er in seinem Buch Die Verteidigung des Menschen. *Warum Gott gebraucht wird, »über sich hinauszuwachsen. Hier hat sie angefangen, die großen Fragen zu stellen: nach Tod und Unsterblichkeit, nach Schuld und Vergebung, nach dem Universum ... Der Verzicht auf die Suche nach dem Absoluten, eine Welt ohne große Wahrheitsansprüche und religiöse Leidenschaften wäre nicht menschenwürdig. Sie wäre der Triumph der Banalität.«*
Und um das abzuschließen: Wir haben jetzt so viel über den

Menschen gesprochen, über eine Welt in ihren Irrungen und Wirrungen. Sie sind Bischof, ein Mann Gottes. Können Sie uns zum Abschluss sagen: Wo ist Gott? Wo muss man ihn suchen? Wie lässt er sich finden?

Paulus sagt uns in der Apostelgeschichte: In ihm bewegen wir uns, in ihm leben wir, in ihm sind wir. Man kann jetzt sagen: Ja, im Wort Gottes. In unserem Feiern der Sakramente. Und wenn wir uns von dort her berühren und bewegen lassen, dann lernen wir nach und nach zu verstehen, dass Gott jedem Menschen begegnet und dass er uns *in* jedem Menschen, in jedem Geschöpf begegnet, dass er in jedem Augenblick unseres Lebens gegenwärtig ist. Das ist das Große, das Größte, dass wir einen Vater haben, in dessen Herzen wir immer leben können, immer zu Hause sind. Weil sein Herz die ganze Welt umfasst.